꼭 알아야 할 교수법

김정기, 남기봉, 신상우 공저

도서출판 진영사

개정2판

꼭 알아야 할 교수법

김정기 · 남기봉 · 신상우

2008년 3월 02일 초판 인쇄
2008년 3월 05일 초판 발행
2019년 1월 08일 개정판 인쇄
2019년 1월 10일 개정판 발행
2020년 1월 17일 개정2쇄 발행
2025년 1월 17일 개정2판 발행

발행인 박진영
빌행처 도서출판 진영사
인천광역시 부평구 주부토로 236(갈산동 94) 인천테크노밸리 U1 지식산업센터 B동 1507호
TEL : 032)505-4207
FAX : 032)505-4206
e-mail.. 0183734207@hanmail.net

ISBN 978-89-6541-696-8 93390
값 13,000원

머리말

교육은 인간형성의 과정으로서 사람을 사람답게 하는 활동이며 사람은 오직 교육에 의해서 사람다운 사람이 되므로 일생을 통하여 그를 둘러싸고 있는 환경 속에서 교육을 받게 된다.

특히 군대교육에는 배우는 사람을 부대원이라고 하며, 부대원의 여러 가지 인성적 특성이나 능력 및 학급태노 등은 교관의 교수기술과 방법을 결정하는 매우 중요한 요소로 작용한다. 따라서 교관은 학습 성취도를 극대화하기 위해서 이러한 부대원의 능력에 맞는 다양한 교수법을 적용해야 한다.

교수법(教授法)이란 교관이 학생(부대원)을 가르침에 있어서 최단 시간 내에 최대의 교육효과와 능률을 증진시킬 수 있는 교육기술과 방법을 말하며, 우리 군이 장차 정예화된 선진국군이 되기 위해서는 간부들이 곧 교관임을 명심하여 부대원 교육의 담당자로서 그 역할에 최선을 다해야 할 것이다.

이 책은 모두 5장으로 구성되어 있다. 제1장에서는 교육의 변천과정과 학습의 기본원칙에 대한 이해를 제2장에서는 군대교육, 제3장에서는 교수기술, 제4장에서는 교수5단계, 제5장에서는 교관임무수행절차에 대하여 다루었다.

출간의 시점에서 여러 곳에 미진하고, 부족한 부분이 느껴져 고치고 더해야 할 점이 많으리라 생각된다.

마지막으로 본서의 출간을 위해 아낌없는 배려를 해주신 여러 교수님과 출판사 임직원들께 진심으로 감사드립니다.

2025년 봄학기를 시작하면서

편집자 일동

목 차

제1장

교육의 변천과정 및 학습의 기본원칙

제2장

군대교육

제3장

교수기술

제4장

교수 5단계

제5장

교관 임무 수행 절차

제1장

교육의 변천과정 및 학습의 기본원칙

제1장

교육의 변천과정 및 학습의 기본원칙

제1절 교육(教育)의 의미

1. 교육의 의미

'교(教)'자의 의미는 성숙자가 베푸는 규범, 지도, 편달, 격려를 미성숙자가 이에 동경, 모방, 추종한다는 뜻이다. 그러므로 이러한 의미의 현대적 해석은 교육자의 시범적 행동방식이나 생활태도 등을 학습자가 모방을 통해 배워가는 생활교육의 표현이라 할 수 있다. 그리고 '육(育)'은 자녀를 착하게 기르는 것을 뜻한다. 본래 육(育)이란 글자는 그릇된 자식을 바르게 기른다는 뜻에서 유래한다. 즉 자녀를 길러서 선을 실천하도록 한다는 뜻이다. 이것은 성숙자가 미성숙자를 성장시키는 것이라고 할 수 있다.

교육의 의미는 한 마디로 미성숙자를 '가르쳐 기른다'는 뜻으로 아동이 가지고 있는 내재적 성질을 외부의 어떤 작용 즉 육성시키는 작용 또는 바람직한 인간형성을 위한 조성작용으로 여겨진다.

2. 학자들의 견해

교육의 의미는 학자들에 따라 다르며 해석하는 방식도 다양하므로 교육을 한마디로 정의하기란 결코 쉬운 일이 아니다. 또한 교육에 관한 여러 가지 정의들을 모두 만족시키는 가장 포괄적인 정의를 얻기는 매우 어려운 것이다. 그러므로 본 절에서는 여러 학자들의 견해를 살펴보고자 한다.

가. 인격에 중점 두는 견해

인간이 이상을 향해 인격적으로 완성해 가는 활동이 교육이라는 인격주의, 이상

주의, 규범주의에 바탕을 둔 교육관이 있는데, 이러한 관점에서 보면 교육이란 자연적이고 동물적인 존재로서의 인간을 하나의 인격체로서 완성시키는 작용이라고 할 수 있다. 이러한 입장을 취하는 학자로는 Kant, Herbart, Peters 등과 동양에서의 공자 등을 들 수 있다.

Kant는 교육이란 '인간을 인간답게 형성하는 작용이며. 사람은 교육을 통해서만이 사람다운 사람이 될 수 있다.'고 하였다. 즉, 인간은 교육되어져야 하는 유일한 피조물로, 교육이란 인간을 동물성에서 인간성으로 변화시키는 활동이라는 것이다.

공자도 인격 주의적 교육관의 입장을 취하였는데, 그는 무엇보다 교육을 중시하면서 특히, 도덕적 인격교육을 강조하여 인격의 소유자를 양성하는 것이 교육의 본질이라고 보았다.

20세기의 인격주의 교육사상가들인 Eucken, Budde, Linde 등도 인간의 본질인 정신생활의 핵심으로서 인격을 존중하고 존엄한 인격을 기르는 것을 교육으로 보았다.

나. 자연성에 중점을 두는 견해

인간에 대한 사회적 전통이나 외부적 · 인위적인 영향을 배척하고 개인의 자율적이고 자연적인 발달을 강조하는 자연주의 교육사상에 바탕을 둔 성선설 인간관의 입장으로서, 교육을 인간의 자발 · 자전을 돕는 조성작용으로 보는 견해이다. 이러한 관점에서 본다면, 교육이란 결국 인간이 가지고 태어나는 잠재가능성이 충분히 실현되도록 노력하는 활동이라 할 수 있다. 이러한 입장의 교육을 주장하는 학자들로는 Rousseau, Ellen Key, 맹자, 노자 등을 들 수 있다.

Rousseau는 교육을 '인간의 자연적 발전을 위한 조성활동' 으로 보았으며, 교육소설 '에밀' 에서는 ' 만물은 조물주의 손에서 태어날 때는 모두 선하나 인간의 손에서 타락하여 악으로 변하다.'는 성선설에 입각한 자연주의 교육을 주장하였다.

한편, 동양에서의 자연주의 교육사상가로 대표되는 노자도 무교육상태(無教育狀態)에의 교육을 강조하여 교육에서의 인위성 · 강제성이 배제되어야 한다고 역설하였다. 따라서 여기에서의 교육은 어디까지나 자연을 그대로 지키는 교육으로 인간의 지나친 교육과 간섭을 배제한 교육이라고 볼 수 있다.

다. 사회성에 중점을 두는 견해

교육의 궁극적이며 결정적인 요소를 사회 및 사회생활 법칙 안에서 구하려는 견해로서 다음의 젊은 세대가 지금의 성숙한 세대에 흡수·동화되어서 다 같이 사회 및 국가의 유지와 개선, 그리고 향상발전을 위해 활동하도록 하는 것을 교육이라고 보는 입장이다. 즉 자연적 인간을 유능한 사회적 인간으로 형성해 가는 작용을 교육이라고 보며, 이는 결국 사회의 유지와 발전을 가능하게 한다는 입장이다. 이러한 입장을 취하는 학자로는 Platon, Pestalozzi, Dewey 등을 들 수 있다.

Platon은 교육을 국가사회의 보존수단으로 보아 교육의 사회성을 강조하였다. 잘 알려진 바와 같이 그는 '국가론' 이라는 저서에서 국가의 가장 중요한 기능과 임무는 교육을 통하여 개인능력을 발전시켜 심신이 조화된 선미(善美)한 인간(개인적인 완성에 그치지 않고 지혜·가치·봉사·정치적 지도력의 자질을 고루 갖춘 인간)을 양성함으로써 이상 국가를 실현하는 것이라고 보았다. 그리고 19세기의 계발주의 교육사상가인 Pestalozzi는 교육을 '사회개혁의 수단' 이라고 정의하면서 개인의 인간성을 완성하여 인간개선을 도모하고, 그 개선된 인간을 통하여 사회개혁을 하는데 교육의 목적을 두었다. 인간정신의 3대 근본영역인 지(知), 정(情), 기(技)를 조화적으로 발달시키는 것을 교육의 목적으로 보았다.

라. 문화성에 중점을 두는 견해

교육이란 인류가 오랜 역사를 통해서 축적해 놓은 지식을 포함한 문화적 유산을 다음 세대에 계승시키고 나가, 이것을 확충·발전시키게 하는 문화창조작용 내지는 문화번식작용이라고 보는 입장으로서, 여기에는 Spranger, Kerschensteiner, Dilthey 등이 포함된다.

Spranger는 교육을 '성숙한 사람이 문화재를 매개로 미성숙한 사람을 자연의 상태에서 문화적 이상의 상태로 끌어올리는 문화작용' 이라고 하였으며, 교육 작용의 본질은 '문화의 번식' 에 있다고 하였다. Kerschensteiner는 교육을 '문화의 전달과 갱신의 과정'으로 보았다. Dilthey 역시 문화주의 교육사상을 견지하였는데, 그는 특히 "인간은 자연의 학생이고, 지구는 인간의 교사이다."라고 하여 무의도적 교육의 중요성을 역설하였다.

마. 종교성에 중점을 두는 견해

종교 주의적 관점에서 보면, 사상에 따라 교육의 의미는 여러 가지로 규정해 볼 수 있으나, 여기에서는 교육을 신의 의사를 실현하는 과정으로 보는 기독교 주의적 입장으로 살펴보고자 한다. 기독교에서는 인간으로 하여금 신을 믿고 복음을 전하며 그의 생활이 신의 품성과 행위에 드러난 것과 같은 신격화된 생활로 변하게 하는 것이 바로 교육이라고 본다. 이러한 입장에서의 학자는 Comenius, Frobel, Willmann 등이 포함된다.

근대적 교육의 사조라고 불리는 Comenius는 교육의 목적을 '신과 더불어 영원한 행복을 가지는 데 있다'고 하였다. 그는 인간의 생활을 태내의 생활, 지상의 생활, 천국의 생활 등의 세 단계로 나누었는데, 태내생활은 지상생활을 위한 준비이며, 지상생활을 천국생활을 위한 준비라고 보았다. 그러므로 인간의 최고의 목적은 천국에서 신으로부터 영원한 성복을 받는데 있다고 하였다. 유치원의 창시자인 Frobel의 교육사상은 만유정신인 범신론의 세계관에 기초하고 있는데, 만물의 근본에서 신성이 지배하고 있으므로 인간의 사명은 이 신성을 개발하고 실현하는데 있고, 교육의 목적은 '인간에게 내재한 신성을 자각하고 생명력을 발전시키는 데 있다.'고 보았다.

이상의 여러 학자들이 각각 다양하게 교육에 대한 정의를 내리고 있으니 공통적인 견해는 교육이란 인간을 대상으로 하는 인간형성의 과정이며, 인간형성의 활동이란 말로 요약할 수 있다. 따라서 교육은 피교육자의 성장 발달을 조성하고 바람직한 방향으로 인도하는 활동이며, 성숙자와 미성숙자, 교육자와 피교육자 간에 성립하는 바람직한 인간형성의 활동인 것이다.

제2절 교육의 역사적 변천과정

우리나라의 교육은 일반적으로 삼국시대부터 활성화 되었다. 삼국시대라 함을 고구려, 백제, 신라의 세 나라가 성립하는 4세기 초부터 7세기 중엽까지를 말한다. 삼국시대의 교육활동의 시작은 유학과 불교가 전개되면서부터라고 추정할 수 있다. 왜냐하면 학교교육은 문자 교육이 선행되어야 하기 때문이다. 이러한 삼국의 교육을 살펴보면 다음과 같다.

1. 삼국시대의 교육

가. 고구려의 교육

고구려는 삼국 가운데 한족과 가장 강한 대립관계를 형성했던 만큼 일찍부터 중국문물의 영향을 가장 심각하게 받았다. 고구려는 전반기 300여 년 동안 한사군과 대치하면서 유교문화를 자연스럽게 받아들이게 되었는데, 한사군 시대의 유교사상은 원시 유가를 탈피하여 이른바 한학(漢學)을 형성하고 있었다. 따라서 고구려의 유교는 자연히 한학화의 과정을 겪으면서 오경(五經: 시경 · 서경 · 주역 · 춘추 · 예기), 삼사(三史: 사기 · 한서 · 후한서) 등을 배우게 되는데 이는 고구려 전반기 유교는 이미 원시유교가 아닌 오경 중심의 한 대 유교이며, 중국의 한학을 고스란히 받아들였다는 것을 의미하게 된다. 372년 국립대학격인 태학(太學)이 설치되면서, 유교는 고구려의 가장 중심적인 지배사상으로 그 위치를 확고히 하였다.

고구려의 유교 사상은 광개토대왕의 비문에서 더욱 확실히 드러난다. 특히 그 내용 속에는 시조 동명왕이 18년간의 통치를 끝내고 승천할 때 세자 유리왕에게 "도로써 나라를 다스려라(以道與治)."고 명한 것이 나온다.

유교의 이상적 정치는 왕도(王道)라 하는데, 왕도정치는 덕치(德治)요, 인정(仁政)이며, 궁극적으로 도로써 하는 정치를 말한다. 그러므로 힘이 아닌 도를 정치의 원리로 제시한 것은 패도(覇道)가 아닌 왕도를 정치의 내용으로 삼는 것과 일치한다. 또한 도의 의미 속에는 순리 · 정의 · 이치 · 원칙 · 의리 · 도덕 등의 내용이 함축되어 있으므로 힘 · 부정 · 무리 등에 대립되는 개념을 사정할 수 있다. 따라서

도로써 행하는 정치야말로 유교적 정치 원리의 표현이며 왕도와 같은 의미이다. 태학·경당과 같은 교육기관을 통해 유학이 본격적으로 자리 잡았고, 또한 광개토대왕의 비문에서도 알 수 있듯이 고구려에서는 유학이 지배이념으로 확고한 위치를 차지했음을 알 수 있다.

나. 백제의 교육

백제를 구성하고 있던 마한인들은 전통적 풍속과 신앙을 가지고 있었으나, 점차 유교의 영향을 받아 유교적인 질서의식을 생활화하였다. 중국 사료인 『주서(周書)』를 보면, 여인들이 머리 모양을 달리하고 조정에 배례하고 제사드릴 때 등의 복식의 규정 등으로 보아 당시 백제인들이 엄숙 단정한 예법 질서를 지키고 있었음을 알 수 있다. 금령과 법제에 있어서도, 유교의 경전을 통해서 보편적으로 강조되던 연인의 정절과 3년상의 제도를 시행했음을 볼 수 있다. 행정단위와 군사조직이 5분법으로 구성된 것은 또한 유교의 오행(五行)사상과 깊은 관련이 있는 것으로 추측된다.

또한 일본에 유교를 전래한 백제의 유학자들을 통해 백제의 유교적 수준을 짐작할 수 있는데, 『서기(書記)』를 쓴 고흥이나 일본문화의 시조인 왕인을 통해 백제에 이미 박사의 칭호가 있었음을 알 수 있고, 그 밖의 문헌들을 통해 오경박사가 있었음을 알 수 있다. 이러한 사실들을 종합해 볼 때 일상적 예법과 풍속, 행정제도, 정치, 교육 등 각 분야에서 유교사상이 폭 넓게 수용되고 있었음을 알 수 있다.

다. 신라의 교육

신라에서는 일찍이 6부 촌장들이 모여 덕망있는 자를 왕으로 추대하였는데, 이것은 지도자의 자격에 있어 덕망을 중시하는 것이 유교적 정치원리와 밀접한 관계가 있음을 알 수 있다. 또한 신라에서 유교사상은 충간(忠諫)의 형태로도 반영되어 나타나는데, 『삼국사기』에 보면 김후직의 충간에 의해 진평왕의 사냥하기를 좋아하는 버릇을 고쳤다는 일화가 나온다. 또한 문무왕은 임종에 이르러 민본적 정치원리를 전하고 있는데, 이는 과세를 가볍게 하고 각종 의무를 덜어 백성을 잘 살게 하고 편안하게 하고자 하는 것으로 『맹자』에도 있듯이 유교의 왕도 정치 이념과 그 맥을 함께한다. 또한 신라 청소년의 정신적 이념이었던 세속 5계 속에서도 유교적 요소가 발견되고 있는데, 그중에서 사군이충(事君以忠)·사친이효(事親以

孝)·교우이신(交友以信)·임전무퇴(臨戰無退) 4개 조는 유교적 냄새가 짙게 풍긴다. 특히 중국 유교가 효·충으로 표현되는데 비해 당시 신라가 처한 현실적 상황을 반영하여 국가 윤리로서의 충이 강조된 충·효의 윤리 체계를 표방한 것이 특징적이다.

신라는 고구려·백제와 마찬가지로 유교뿐만 아니라 불교, 도가 어우러져 사상계를 풍미했지만, 유교는 역시 정치·교육의 측면에서 그 역할을 담당했던 것을 알 수 있다.

삼국시대의 유교사상을 간략히 살펴보았는데, 결론적으로 고구려·백제·신라 모두 외래 사상으로서의 유·불·도가 전래되어 상호 교섭 되었으니, 특히 유교는 정치·교육 그리고 윤리적 측면에서 심대한 영향을 미쳤음을 알 수 있다.

2. 고려시대의 교육

고려는 건국 이래 다른 치세(治世)와 함께 학교 시설과 그 제도에도 차츰 정비를 보아, 통일 이전보다 그 체제에 있어서 학과의 내용에 있어서 훨씬 조직적으로 되었다고 볼 수 있다. 태조의 치국이념을 보면, 당시 일반 민중생활 속에 깊이 파고 든 도참사상(圖讖思想)과 존불신앙(尊佛信仰)을 지지하는 동시에 숭학육재(崇學育材)를 치국지본(治國之本)으로 삼았다.

고려의 교육제도는 관리의 양성을 위한 것으로 이미 930년(태조 13)에 서경에 학교를 세웠으며, 또한 학자 정악을 시켜 따로 학교를 세워 육부학도(六部學徒)를 가르치게 하고 992년(성종 11)에는 개성(송악)에 국립중앙대학인 국자감(國子監)을 세우고, 지방12목에는 경학과 의학박사를 보내 지방 교육에 힘썼다. 그러나 사학(私學: 12공도)이 떨쳐 관학(官學)이 부진하므로 1109년(예종 4) 국자감에 칠재(七齋)와 양현고(養賢庫)를 두고, 인종 때는 경사육학(京師六學: 國子學·太學·四門學·律學·書學·算學)과 지방 향학(鄕學)을 세워 교육제도를 정비하였다. 국자감은 1109년에 국학(國學)이라 개칭되고, 정중부(鄭仲夫)의 무신 집권 때 한때 폐쇄되었다가 1304년 안유(安裕)의 노력으로 복구되었으나 성균관(成均館)이라 하였다.

국자감은 삼학(三學)과 잡학(雜學)이 있는데, 삼학은 문무관 3품 이상 자제의 국자학(國子學), 문무관 5품 이상 자제의 태학(太學), 문무관 7품 이상 자제의 사문학(四門學)등으로 구별하고, 유교의 경전과 문학을 배우게 했다. 8품 이하의 자제와 서민은 따로 율학(律學)·서학(書學)·산학(算學) 등의 잡학을 배우게 했다. 그리고 도서관으로는 개경에 비서원(祕書院), 서경에는 수서원(修書院)을 두었다.

3. 조선시대의 교육

조선 시대 관교로서 출세할 수 있는 정상적 방법은 우선 과거에 합격하는데 있으므로 자연히 교육도 과거의 준비에 중점을 두게 되었다. 또한 과거의 고시과목이자 건국 초기부터 정교(政敎)의 근본이념으로 채택된 유학(儒學)은 입신양명(立身揚名)의 유일한 도구로써 양반계급에 의해 독점되었다. 따라서 교육도 대부분 과거의 응시자격을 구비하고 있는 양반의 자제에 한정되어 있었다. 이들은 대개 어릴 때 서당에서 유학의 초보적인 지식을 배우고 15~16세 이전에 서울은 사학(四學), 지방은 향교(鄕校)에 들어가서 공부하다가 몇 년 뒤에 과거의 소과(小科: 司馬試)에 응시하여 여기에 합격하면 성균관에 입학하는 자격을 얻었다.

가. 성균관

성균관(成均館)은 공자(孔子)를 제사하는 문묘(文廟)와 유학을 강학(講學)하는 명륜당(明倫堂)의 총칭이다. 그 명칭은 고려 충선왕 때 국학(國學)을 성균관으로 개칭한 데서 시작되었다. 공민왕 때는 일시 국자감(國子監)이라 부르다가 곧 성균관으로 복귀되었으며 1894년 갑오경장에 이르기까지 조선왕조 일대에 걸쳐 우리나라 최고 교육기관이었다.

조선왕조 때는 1398년(태조 7) 숭교방(崇敎坊: 明倫洞)에 창설되었는데 고려 제도대로 유학(儒學)을 강의하는 명륜당(明倫堂), 공자(孔子)를 모신 문묘(文廟), 유생들의 기숙사인 동서양재(東西兩齋)의 3주 건물로 되어 있었다. 문묘의 정전(正殿)인 대성전(大成殿)에는 공자를 비롯하여 4성(聖)·10철(哲), 송조(宋朝)의 6현(賢) 등 모두 21인을 봉안하였는데, 양무에는 그 밖의 중국 유자(儒者) 94명과, 한국 고대의 유명한 유자 18명, 합계 112명을 봉안하였다. 태종은 땅[學田]과 노비를 지급하고 친히 문묘에서 제사 지내고 왕세자의 입학을 명령하니, 이후 이것은 상례가 되었으며, 여러 왕을 거치는 동안 경기도 연해의 섬(島), 전라남도 해안의 어장(漁場)과 많은 땅이 부속되었다. 부속건물로 성종 때 향관청(享官廳)과 존경각(尊經閣: 圖書庫)이 증설되었고, 현종 때 비천당(丕闡堂: 과거장), 숙종 때 계성당(啓聖

堂)이 새워졌다.

관원으로는 책임자로서 지관사(知官事: 弘文官 또는 藝文官 大提學이 겸임)를 두고 그 밑에 동지관사(同知官事: 겸직) 1명, 전임관원으로 대사성(大司成: 정3품) 1명, 제주(祭酒: 정3품) 2명, 사성(司成: 종3품) 1명, 사예(司藝: 정4품) 2명, 사업(司業: 정4품), 1명 직강(直講: 정5품) 4명, 전적(典籍: 정6품) 12명, 박사(博士: 정7품) 3명, 학정(學正: 정8품) 3명. 학록(學錄: 정9품) 3명, 학유(學諭: 종9품) 3명이 있었다. 이중 박사(博士) 이하는 정원 외에 봉상시(奉常寺)의 관원과 사학(四學)의 훈도(訓導)가 겸직한 것이 있었다.

원래 유생의 정원은 200명으로 생원(生員)이나 진사(進士)의 자격이 있는 자라야 했으나 부족할 경우에는 사학의 생도 중에서 보충하였다. 뒤에 경비 부족으로 영조 때는 정원을 120명, 말기에는 100명으로 감하였다. 일제 때는 경학원(經學院)이라 불렸고, 명륜당과 부속 건물에 명륜전문학교(明倫專門學校)를 세웠는데, 8.15 광복 후에 성균관대학교로 발전하였다.

나. 향교

향교(鄕校)는 고려 · 조선왕조 때의 지방에 있는 문묘(文廟)와 거기에 부속된 학교로 일명 교궁(校宮) 또는 재궁(齋宮)이라고도 한다. 고려의 학제(學制)는 당나라 제도를 모방하여 중앙에는 국자감(國子監) · 동서학당(東西學堂)을 두고 지방에는 국자감을 축소한 학교를 설치하였는데, 구체적으로 활발해진 것은 인종(仁宗) 때로서, 1127년(인종 5) 3월에 각 주(州)에 영을 내려 향학(鄕學: 鄕校)을 세우도록 하여 교육의 보급에 힘썼다. 그러나 정원(定員)이 몇 명이고 어떤 구조를 갖고 있었는가는 확실히 알 수 없다.

의종 이후 국정이 문란하고 학제도 또한 퇴폐하니 향교도 역시 쇠미(衰微)한 상태였다. 그 후 충숙왕은 학교를 진흥시키려고 이각(李殼)으로 하여금 제군(諸郡)을 순력(巡歷: 순시)시켜 향교를 부흥시키기에 이르렀다.

조선시대에는 1392년(태조 1)에 제도(諸道)의 안렴사(按濂使)에 명하여 학교의 흥폐로써 지방관 고과(地方官考課)의 기준의 하나로 삼는 등, 그 진흥에 주력하여 각 읍(邑)에 1교씩 설립되었으며, 향교 유지를 위하여 학전(學田) 7결(結) 내지 5결을 지급하고 그 밖에도 지방의 징수(徵收)나 출제(出題)에 의한 매수 토지도 적지 않았다.

학교는 성균관과 그 구조가 같아 공자 이하 저명한 유학자를 제사하는 문묘와 강학(講學)을 하는 명륜당(明倫堂)으로 구성되었다. 수용생은 지방의 양반과 향리(鄉吏)의 자제들로서 지방에 따라 수용 인원을 제한하여 부(部)·목(牧)에서는 90명, 도호부에서는 70명, 군(郡)에서는 80명, 현(縣)에서는 30명으로 한정하였다. 직원으로 주(州), 부(府)에는 교수(教授) 각 1인, 군(郡)·현(縣)에는 훈도(訓導) 각 1인을 두었으며, 또 교예(校隸)가 속하고 있었다. 또한 독서와 일과(日課)를 수령(守令)이 매월 관찰사에 보고하여 우수한 교관에게는 호역(戶役)을 감(減)하여 주었다.

이들의 향교는 중앙의 사학(四學)과 동급으로서 여기에서 수학한 후 1차 과거에 합격자는 생원(生員)·진사(進士)의 칭호를 받고 다시 성균관(成均館)에 들어갈 수 있는 자격을 주었다. 그러나 중기 이후의 향교는 거의 무력화되어 제도상으로도, 『속대전(續大典)』에는, 이미 교수·훈도는 혁파되었고 교육기관으로서의 기능은 마비되어 중종 연간부터 일어나는 사학(私學)인 서원(書院)이 이에 대치되다시피 하였고, 1894년(고종 31)말에 과거제도의 폐지와 함께 향교는 이름만 남아 문묘를 향사(享祀)할 따름이었다.

이후 새로운 교육제도의 확립에 따라 향교는 1911년 조선총독부령에 의하여 문묘직원(文廟直員)을 명예직으로 하고 부윤(府尹) 혹은 군수의 감독 하에 두어 문묘를 지키고 서무(庶務)에 종사케 하였다. 학전이나 향교 재산은 구한국 정부 학부(學部)의 소관으로 1900년(융희 4월) 4월에 향교 재산관리규정을 정하고 부윤·군수로 하여금 정리케 하여, 그 수입은 부·군내의 공립학교 또는 지정하는 학교의 경비 또는 문묘의 수리·향사비에 충당케 하였다. 그 후 재산관리규정은 폐기되어 공립학교의 경비에 사용하지 않고 문묘의 유지와 사회 교화사업의 시설에만 충당케 하여 오늘에 이르고 있다.

향교는 원래 지금의 지방공립학교의 성격을 띤 중등 정도의 교육기관으로 중앙에 있는 사학(四學)과 대등한 것이며, 지방 재정에 의하여 설치되고, 기본 재산의 수익으로 유지된 학교였다. 조선 초기부터 각 도의 감사(감찰사)에게 명하여 향교의 흥폐(興廢 :흥망)로 수령(官長)의 치적(인사고과)을 평가토록 하였다. 따라서 역대 수령들은 향교의 보수 유지에 읍치(邑治)의 중점을 두었고 이러한 이유로 선정비 청덕비 거사비 등이 허다히 들어섰다.

다. 서원

서원(書院)은 사학(四學)과 향교가 관학 이였음에 반하여 민간인(鄕儒)에 의하여 설치, 운영되었던 사학기관으로서 '선현존경(先賢尊敬)과 후진장학(後進獎學)' 이라는 지표 아래 명유(名儒) 공신(功臣)을 숭배하고 정년 자제를 모아 학문과 덕행을 연마하는 수도장으로 출발한 것이다. 그 기원은 조선조 중종 36년(서기 1541)에 풍기군수 주세봉(周世鵬)이 고려 말의 명유 안향(安珦)을 배향(配享)하기 위해 그의 구기(舊基)에 사당을 세워 백운동서원(白雲洞書院)이라 이름을 붙인 것을 효시를 삼고 있다.

그러나 특수 사립교육기관으로서 국가에서 최초에는 장려하던 서원이었지만, 남설(濫設)과 설립의 불순한 동기로 부패의 요소가 점차 싹트게 됨으로써 중기 이후로 유생들이 학문적으로는 자파의 세력을 부식(扶植)확장하여 파벌을 조장하고, 당쟁을 격화하는 결과를 초래하게 되니, 서원은 교육기관으로서의 기능을 상실하게 되었고, 왕년에 떨쳤던 명성을 땅에 떨어지게 하였다.

라. 서당

구 교육 제도에선 공비(公費)에 의한 초등교육기관이 없었고, 사학으로서 서당(書堂)이 있었다. 기원을 고려조에 둔 서당은 순수한 민간의 힘에 의해 유지 운영되던 초등교육기관으로, 신교육이 들어올 무렵까지 거의 촌락마다 설립되어 국민교육의 중요한 역할을 담당하고 있었다.

서당의 종류는 크게 넷으로 나누었는데, 훈장이 자기의 생계를 위해 하거나 교육을 취미로 자설(自說)한 훈장 자영서당이 있었고, 마을의 부호나 유지가 혼자서 자가의 자질(子姪: 아들과 조카)을 교육시키기 위하여 훈장의 급비(給費: 비용을 지급함)를 부담하는 유지 독영서당이 있었으며, 마을의 몇몇 유지들이 세운 유지 조합 서당과 마을 전체가 조합원이 되어 훈장을 초빙하고 조합원의 자질(子姪)만을 교육시키기 위해 설립한 촌조합(村組合) 서당이 있었다.

서당교육의 궁극적 목표는 수학하는 학도(學徒)들로 하여금 당시의 상급 학교인 향교나 사학(四學)으로 진학할 수 있도록 준비시키는 것에 있었으나, 실제로는 지방의 청년자제에게 학문의 독해력을 부여하고 유교에 대한 초보적 지식을 보급시키는데 적지 않은 역할을 하였다.

서당의 교육 내용은 강독(講讀), 제술(製述: 시나 글을 지음), 습자(習字) 등 세 가지였는데, 강독으로 천자문(千字文), 동몽선습(童蒙先習), 명심보감(明心寶鑑), 통감(通鑑), 소학(小學), 사서삼경(四書三經), 사기(史記), 당송문(唐宋)文), 당율(唐律) 등이 있으며, 제술로는 오(五), 칠언절구(七言絶句), 사율(四律)과 고풍(古風), 십팔구시(十八句時), 작문(作文)등이었고, 습자(習字)는 해서(楷書)와 초서(草書)였다.

이와 같이 오랜 세월에 걸쳐 교육의 중요한 임무를 수행하여 온 기관이긴 하지만 교사(校舍)나 시설이 크게 필요한 것이 아니기 때문에, 뜻있는 사람이면 설치할 수 있어 대부분의 마을에는 대소의 서당들이 있었으나, 신교육에 밀려나 8.15 광복을 전후하여 거의 폐지되고 말았다.

4. 개화기의 교육

고종 31년(서기 1896) 한국에 들어온 일본세력은 한국의 정치를 개혁하기 시작하였는데, 중앙 정부에 군국기무처(軍國機務處)라는 회의기관을 신설하여 정치 · 사회 등 모든 분야에 걸쳐 심의 개혁하였다. 동시에 중앙 정부의 조직을 개혁하여 최고기관인 의정부에 총리대신을 두고, 종래 예속되어 있던 육조(六曹)를 폐하고 팔아문(八衙門)을 설치하였는데, 각 장관은 대신(大臣)을 하고 총리대신은 군국기무처(軍國機務處)의 총재가 되게 했다

과거 육조의 하나인 예조에서 관장하던 교육은 학무아문(學務衙門)의 소관으로 했으며, 종래의 과학법을 없애고 새로운 관리 등용법을 제정함과 동시에, 소학교 교과서를 편찬할 것을 의결하였다.

한국 정부의 고문인 이또오(이등박문) 통감은 한국의 교육제도가 복잡하고 수업연한이 길다는 이유로 정부로 하여금 시범교육을 하게 하였다. 이는 일본의 독선적 시책으로써 조숙한 시일 내에 식민지적 교육제를 채택하려한 것이었으나, 우리 민족의 교육열과 항일사상으로 인하여 용이하게 관철되지 못하였다. 초등교육에 있어서는 광무(光武) 10년(서기1906) 8월에 보통학교령 및 그 시형 규칙을 발표하여 학제를 개혁했다.

5. 일제하의 교육

1910년 8월 일본은 강압적으로 우리나라와 한일합병조약을 체결하여 소위 한

일합방(韓日合邦)이 되면서 우리는 일제의 식민지하에 들어갔다. 그들의 교육목표는 완전한 식민지 국민 양성에 있었다. 합방과 동시에 각 급 학교장은 일인(日人)으로 임명하고 교원은 제복(制服)에 착검(着劍)하고 일인과 조선인의 자제에게 차별교육을 실시하면서 교육기관은 일어(日語) 해독을 할 정도의 보통교육과 성급한 기술양성을 위한 실업교육에 중점을 두었다.

1924년에 경성제국대학(현 서울대학교의 전신)이 설립되었으나 한국인의 입학은 극히 제한되어 그 혜택은 별로 받지 못한 채 문화정치 이후 사립학교 설치가 다소 완화된 것을 기회로 만족지도자 및 외국 선교회에서 설립, 운영하는 사립학교, 즉 연희전문(現延世大), 보성전문(現高麗大), 불교전문(現 東國大) 등에서 교육받았다. 일제는 오히려 한국인 학생들의 일본으로의 유학을 음성적으로 유도하여 1931년의 일본 유학생 수는 3천여 명에 달했는데 이 시기의 미국 유학생은 490여명 이였다. 서구의 근대 사상은 일반적으로 일본의 번역문화를 통해서 섭취되기 마련이었다.

학제는 보통학년 6년, 중학교 5년, 전문학교 3년, 대학교 4년으로 제정 되었으며, 그밖에 실업학교 · 사범학교를 두었다. 한편 교과과정은 초기에 국사와 우리말의 강의를 허용하다가 일제는 중일전쟁(1937) 무렵부터 민족문화 말살정책의 일환으로 국사와 우리말 강의를 철폐하고 학교 이름을 일본식으로 고치고, 심지어는 일부 남학교를 여학교로 전환시키기도 하였다. 그리고 보통학교 아동들에게까지 '국어사용' 이란 표어를 내걸고 일본어 사용을 강요하는 등 황국신민화(皇國臣民化)운동에 온갖 힘을 기울었다.

1911년 8월에 칙령 제229호로써 조선교육령을 발표하였는데, 그 골자는 총독의 인가 없이는 어떠한 학교도 설립할 수 없다는 것이었으며 교과서도 총독부에서 편찬하여 식민지 교육제도를 다져 나갔다.

교육기관의 지도 감독에 있어서는 합병 당시에는 총독부 내무부에 내무국을 두고 학무, 편집 2개 과를 두어 집무하였는데, 교육행정이 바르게 통일됨에 따라 총독부제(總督府制)를 개정하고, 편수관(編修官) 1명과 서기 약간명을 두며, 축학관(祝學官) 및 시학(視學) 약간명을 두어 학교의 감독을 엄중히 하였다.

1919년부터 4년간은 3면에 1개 교를 표준으로 삼았으나 1929년부터 8년간은 일면일교(一面一校)를 목표로 증설하는 한편, 이와 병행하여 수업연한을 연장하였다.

또한 1938년 3월에는 세 번째로 교육령을 개정하였는데 그 중요 골자는 교명을 일인학교와 똑같게 보통학교를 심상소학교(尋常小學校)라 하고 고등보통학교를 중학교라 하였으며, 여자고등학교를 고등여학교(약칭 '高女')라 개칭하였다.

한편, 조선어를 선택과목으로 하였는데 이것은 결국 한글 폐지를 의미한 것이며 소위 담대 교육방침이라 하여 국체명징(國體明澄), 내선일체(內鮮一體), 인고훈련(忍苦訓練)을 모든 학생들에게 전시 사상교육으로 시행하여 황국신민의 교육을 철저하게 시행하였다.

1941년 4월에는 심상소학교를 초등학교라 개칭하고, 1943년 10월 4차로 개정된 교육령에 따라 교육체제를 전쟁수행을 위한 군사목적에 부합되도록 개편하였다. 이 영은 교육에 관한 전시비상 조치령으로 초등학교는 대륙침략에 이용하는 병사의 준비와 관련해서 의무교육제의 준비를 실시하고, 중학교는 일본에 준해서 조치하고, 제국대학 예과는 문과의 정원을 최소한으로 감소시켰다.

한편 이공과의 정원을 증가하였으며, 의과계통의 사립 전문학교는 의과 계통의 학교로 바꾸는 동시에 잔여 문과계통의 전문학교는 통합하였다. 또한 문과계통의 여자 전문학교는 여자 실무자 또는 여자 지방보도원의 양성을 위하여 교육하도록 개정되었다. 이리하여 교육의 양상은 일본의 전쟁에 긴박감이 가해지는 것과 함께, 우리나라 사람들이 비교적 많이 다녔던 전문학교는 설립취지와는 달리 강제적으로 운영 방침을 바꾸게 되었다. 학교는 폐쇄된 것이나 다름이 없었고, 모든 교육이 정규교육 보다 근로봉사, 생산증강, 방공호 구축작업과 군사훈련에만 더 바빴다.

6. 해방 후의 교육

50년 가까이 실시된 일제 식민지 교육 체제는 1945년 해방 후 미군정의 실시와 함께 미국식 교육 체제로 바뀌었다. 미군정 시대 교육은 육군 대위 락카아드에 의해 사무가 시작되었다. 그 후 락카아드는 교육계의 각 분야를 대표할 인사를 선택할 것을 제의하였고, 그 결과 7명이 선출되었다. 그것이 '한국교육위원회'이다.

1945년 11월 23일에는 조선 교육 심의회를 구성하였다. 동 심의회는 하부조직으로 10여개의 분과 위원회를 두었으며, 1946년 3월 7일 전체회의를 최후로 그 과업을 끝맺었다. 동 심의회의 결의 사항 가운데는 우리나라 현대 교육의 근간이 되는 교육 이념과 교육 제도에 대한 사항을 포함했다.

정부 수립과 더불어 1949년 12월 31일 교육법이 제정 · 공포됨으로써 동 법에서는 학제를 초등학교 6년, 중학교 4년, 고등학교 1~3년, 대학 4년 내지 6년, 정상적으로 초급대학 2년, 사범학교 3년, 사범대학 2년 또는 4년, 공민학교 · 고등공민학교 · 고등기술학교 · 기술학교 등으로 채택하였다. 1945년대 교육의 성격은 사회 질서가 혼란한 가운데서도 자유민주의 국가 건설이라는 이념 하에 미국의 영향을 받아 제도적 성격을 띠고 있다.

1950년에(초등학교 6년, 중학교 4년, 고등학교 1~3년, 대학 4년 내지 6년, 초급대학 2년, 사범학교 3년, 사범대학 2년 또는 4년, 공민학교 · 고등공민학교 · 고등기술학교 · 기술학교) 이 학제는 다시 개정되어 국회를 통과하여 3월 10일에 공포되었다. 교육법에서 규정된 교육자치제가 실제로 실천에 옮겨진 것은 1952년 4월의 일이다. 교육자치제가 실시된 뒤로 의무 교육을 적극 추천하였다. 문교부는 1951년 1월 부산시청으로 임시청사를 옮긴 후, 2월 16일 '전시하 교육 특별 조치요강'을 제정 · 발표하였다. 또한 문교부는 전시 교재도 발간하였다. 1951년 5월 4월에는 문교부령 제 19호 '대학 교육에 관한 전시 특별조치령' 을 공포하였다. 이 시기에 정부는 중등교육제도를 중학교 3년과 고등학교 3년으로 개편하여 현재의 6 · 3 · 3 · 4제의 학제를 완성하였다. 또한 중학교 입학지원자에 대한 국가고사제를 실시하였고, 대학의 1도 1교의 국 · 공립대학 설치 방침을 수립하였다. 이에 따라 1952년 10월부터 각 지방에 국 · 공립대학이 설립되었다.

1960년 7월 29일의 총선거로 출범한 세 2공화국의 문교부는 교육의 민주화를 위하여 교육의 질적 향상을 전제로 학원의 민주화, 중앙집권적인 행정 체제로부터 권한의 지방 분양, 교육의 질적 향상 등을 교육 방침으로 설정하였다. 박정희 정부는 교육의 정상화를 촉진하기 위한 방법으로 1961년 9월 '교육에 관한 임시특례법' 과 1963년 6월 '사립학교법'을 제정 · 공포하였다.

제3공화국에 들어와서는 민족중흥과 국가 발전을 위한 교육 개혁이 강조되었다. 중학교 무시험제와 국민교육헌장 선포, 대학입학 예비고사제와 통신교육제의 실시를 하였고, 장기종합계획 심의회가 제도화되었으며, 이듬해 2월에 동 심의회가 발족되어 장기종합교육 계획안(1972~1986)의 작성이 추진되었다. 문교부는 중학교 무시험 제도의 실시와 관련하여 명문중학교를 폐지하였다. 중학교 무시험

제도와 더불어 1968년 10월 14일에 대학입학 예비고사가 공포되었다. 1968년 12월 5일은 국민교육헌장이 선포되었고, 국민교육헌장은 새 역사를 창조해 보자는 정신적 기반과 새로운 국민상을 제시하였다.

1970년대의 교육은 1968년에 제정·공포된 국민교육헌장 이념으로 시작되었다. 여기에는 반공 이데올로기의 확산과 획일적인 교육 정책을 시행하고자 하는 의도가 담겨져 있었다. 박정희 정권은 교육 헌장의 선포와 동시에 전국의 학생·공무원들에게 이를 암송하게 하며, 각종 행사가 있을 때마다 반드시 낭독하게 하였다. 뿐만 아니라, 각종·교과서의 속표지에는 전문을 수록하도록 강제로 규정하였으며, 각종 입학시험과 공채 시험에는 반드시 교육헌장에 관한 것을 출제하도록 하였다. 국가의 교육지표로 채택된 국민교육헌장의 이념은 1972년 10월 유신 이후, 유신 교육으로 승화되면서 반공·안보 교육의 강화·새마을 교육과 운동의 심화로 뿌리를 내린 국적 있는 교육의 추진으로 구현되기 시작하였다. 이에 따라, 문교부는 반공교육·안보 교육·유신 교육 등을 철저히 하고 각급 학교의 교과를 개편하여 이데올로기적 교육 이념을 장려하였다. 이는 국민 정신교육의 강화 때문이었다.

1980년 1월 22일은 그간의 학원사태로 제적되었던 학생들에 대한 복학 결정으로 대학가의 활기를 찾았다. 비록 계엄 하이기는 하였지만, 고조되는 민주화 열기에 따라 당국이 조심스런 학원 자율화 조치가 강구되기 시작한 것이다. 1980년 1월 19일 문교부는 학도호국단 개선안을 내놓았다. 하지만 말 그대로 개선안이었지 폐지가 아니었다. 문교부의 구상은 학도 호국단을 그대로 존속시키되, 호국단 간부 선출과 운영에 약간의 자율성을 부여한다는 정도였다. 그래도 나름대로는 자율화 시책을 추진한다고 나선 문교부는 1월 22일 중·고등학교 자율화를 발표하였고, 학생 시위 사태와 관련하여 학교에서 추방당한 학생들을 복귀시키기로 결정했다. 한편, 80년대 말에는 60년대부터 공고화된 권위주의적이고 중앙집권적인 교육 체제를 민주화하려는 교사와 학부모의 교육 운동이 일기 시작하였다. 이런 배경 속에서 지방 교육 자치제도 출범, 대학 운영에서의 자율성 학대 등 교육 운영을 분권화·자율화하기 위한 조치들이 시행 되었다.

1989년 소련 및 동구 사회주의의 몰락으로 인해 형성된 단일의 '글로벌 경제권' 은 국가 간의 상호 의존성을 높이는 동시에 이들 간의 무한 경쟁을 야기시켰다. 이런 세계화 추세는 각 국가들로 하여금 국가 경쟁력을 높이기 위한 교육 개혁을 추진하도록 만들었다. 우리나라도 1980년대 말부터 국가 경쟁력 제고를 위한 교육 개혁의 필요성을 인식하기 시작하였다 그러나 이를 위한 구체적인 개혁 작업은 문민 정부의 출범과 더불어 가속화되었다.

무한 경쟁이 이루어지는 세계화 시대를 맞이하여 각 국가는 국가 경쟁력을 높이기 위한 교육 개혁을 추진하고 있다. 각국이 추진하는 교육 개혁의 궁극적 목표는 국가 경쟁력 확보에 있는 만큼 교육 개혁의 주요 목표를 수월성 제고에 두고 있다. 수월성 제고를 위해서 지향하고 있는 기본적인 개혁 방향은 교육 운영의 중앙 집권화 및 관료주의 대신에 교육운영의 기본원리로 채택하고 있는 것은 시장 원리이다.

교육 행정기관이나 학교, 교사 등 교육 공급자들 간의 경쟁을 통해 교육의 질을 향상시키고자 학교 제도와 교육 과정을 단일화하고 학생과 학부모에게 학교 및 교육 프로그램 선택권을 부여하는 것은 바로 시장 원리를 도입한 것이다. 또한 중앙 및 지방 교육 행정기관의 권한을 축소하고 단위 학교의 자율성을 확대하는 방안도 적극적으로 추진되고 있는데, 이는 단위 학교로 하여금 수요자의 요구에 보다 유연하게 대응하도록 하기 위한 조치라고 볼 수 있다 김영삼 정부에서 교육 개혁의 기본 방향으로 내건 '교육 수요자 중심주의' 와 경쟁 체제 도입은 바로 이 시장 경제 원리를 담고 있는 것이다.

1995년 5월 13일 '세계화 정보화 시대를 주도하는 신교육 체제 수립을 위한 교육 개혁 방안' 이 발표 되었다. 5.13 교육 개혁안에서는 현재와 같은 교육의 제도적 틀을 가지고 다가오는 새로운 문명의 도전에 효과적으로 대응하기 어려울 뿐만 아니라, 현행 교육의 병리 현상으로 인해 한국인들이 겪고 있는 교육 고통을 해결할 수도 없다는 문제의식 하에 이러한 양대 과제를 동시에 풀 수 있는 해결책으로 '신교육체제' 를 제시하였다.

신교육 체제는 누구나, 언제, 어디서나 원하는 교육을 받을 수 있는 열린교육체제를 구축함으로써 모든 국민이 자아실현을 극대화할 수 있는 교육 복지 국가를 만드는 것을 목표로 한다. 신교육 체제의 기본 특징은 학습자 중심 교육, 교육의 다양화, 자율과 책무성에 바탕을 둔 학교 운영, 자유와 평등이 조화된 교육, 교육의 정보화, 질 높은 교육 등이다.

5.13 교육 개혁 방안에서 제시된 과제 중에는 이전에 제시된 교육 개혁 과제와 동일한 것도 있다. 그러나 5.13 교육개혁은 수요자 중심주의와 경쟁의 원리를 도입했다는 점에서 과거의 교육 개혁과는 근본적인 차이가 있다. 많은 교육 관계자들은 이런 원리를 도입함으로써 과거의 획일적이고 경직된 교육 체제와 관료주의적 교육 운영 방식을 탈피할 수 있을 것으로 기대하고 있다.

선진 국가들이 시장원리에 입각한 교육개혁을 추진하면서도 그것을 넘어서는 보편적 가치를 실현하기 위해 노력하고 있다는 점은 앞으로 우리가 지향해야 할 교육 개혁의 방향을 설정하는데 중요한 시사를 준다. 예컨대 프랑스는 교육의 수월성을 추구하는 동시에 교육 기회의 평등을 실현하기 위해 사회적·경제적으로 소외된 지역에 대한 교육 투자 우선 정책을 추진하고 있고, 독일은 21세기의 문명사적 주제라고 할 수 있는 환경, 평화, 성 평등, 문화적 다양성을 교육개혁에 수용하기 위한 노력을 기울이고 있다.

7. 서양 교육의 변천과정

지금부터는 서양교육의 변천과정에 대하여 살펴보자. 서양교육을 크게 고대시대, 중세시대, 근대시대로 구분하여 살펴보면 다음과 같다.

가. 고대의 교육

서양의 학문의 원천은 그리스에서 찾아볼 수 있다. 그리스 시대는 보통 B.C. 1200~800년간의 시기를 말한다. 그리스교육의 전체적인 특징을 살펴보면 인간천부의 능력을 조화적으로 발전시키고, 진·선·미와 성의 가치를 지·정·의로써 체험하게 하여 인간의 행복을 추구해 나가는 교육이었다. 또한 그들은 월등한 상상력을 가지고 있어 위대한 철학을 만들었고, 문학, 미술을 창조하였다. 그들은 미적 정서를 가지고 있으므로 심미주의를 빚어내었다. 그리스 시회에 있어서 대표적인 도시국가는 스파르타와 아테네이다.

스파르타의 교육의 목적은 강인한 군인의 몸을 단련시키는 것이었고, 스파르타를 하나의 영구적인 훈련소 겸 무장한 요새로 만드는 데 있었다. 스파르타에 있어서도 희랍적인 개인의 탁월성이 강조되었지만, 그것은 어디까지나 국가적 필요를 위한 탁월성으로 받아들여졌다. 교육과정 내용은 체육과 군사훈련이 주가 되었고 도덕적 · 사회적 습관형성을 강조했다. 읽기 · 쓰기는 최소한의 필요를 충족시키는 정도였고, 음악은 군가나 전장에서 죽은 영웅들을 찬양하는 것들이 대부분이었다. 훈육은 무자비할 정도로 엄했고, 출생에서 죽을 때까지 교육은 국가가 담당했다. 이와 같은 목적과 내용과 제도가 700년이나 지속되었다.

아테네의 교육은 스파르타와 달리 인간성의 다방면에 능력을 가진 조화로운 발전을 이상으로 하였다. 아테네의 교육은 부유층의 자제에 국한된 교육이었다. 교육의 목적은 고상하고 선한 사람을 양성하는데 있었다. 아테네 사람들은 심신과 영혼의 우아한 미를 구하려고 노력하였다. 그리고 시민의 자격을 얻기 위하여 가장 필요한 것은 개인의 교양이라고 믿었다. 아테네 교육은 개성을 전면적으로 발전시켜 개인의 교양을 쌓아 시민으로서의 자기 책임을 완수할 수 있는 인간을 만드는데 목적을 두고 있다.

로마는 기원 146년 그리스 정복을 기점으로 하여 그 이전의 공화시대, 그 이후를 제정시대라고 한다. 그리스 정복 이전의 공화시대에는 가정교육이 교육의 중심이었으며, 루두스와 같은 사립학교에서 읽기 · 쓰기 · 셈하기 · 12동판법 등을 가르치고 있는 정도였다. 그러나 그리스 정복 이후 로마는 도덕적으로 타락하고 사회적 부패와 사치가 만연하여 쓰러져가는 로마의 재건을 더 이상 가정교육에서 기대할 수 없게 되었으며, 학교교육만이 쓰러져가는 로마를 지킬 수 있다고 보았다.

제정시대 이후의 로마의 학교교육은 그리스식의 학교교육으로 대치되었다. 교육의 목적은 주로 지적 발전을 지도하는 데 있었다. 언어의 능력과 공적 담화 및 성공적인 토론이 교육의 주된 목적 중 하나였다. 즉, 교육의 기능은 웅변에 능숙해서 국가에 실제적 봉사를 할 수 있는 선량한 인간을 육성하는데 있었다. 로마시대 웅변가의 자질은 도덕적 성격, 넓은 교양, 자신 있게 말할 수 있는 능력 등을 포함하고 있다.

나. 중세의 교육

중세라 하면 통상 서기 476년 서 로마제국의 멸망으로부터 1453년 동 로마제국의 멸망까지를 말하나 교육사에서는 일반적으로 그리스트교의 교육활동을 주축으로 해서 고대말기에서 문예부흥에 이르는 한시기를 의미한다.

중세의 교육은 거의 서원에서 이루어졌으며, 기독교적인 체계하의 교육이었다.

즉, 종래의 신체적 발달과 수사학적인 능력의 훈련 대신에 도덕적인 규율을 엄격히 훈련시키고, 내세에 대한 기본개념과 자세를 확립시키는데 치중하였던 것이다. 이러한 이상과 목적을 달성하기 위해서 4단계의 학교조직을 정비하였는데, 그것은 문답학교 · 수도원학교 · 시민학교 · 대학으로 나누어진다.

(1) 문답학교

이 학교는 이교도와 몽매한 민중을 교화하기 위하여 세운 것으로서 교리 학습을 위한 초보적인 문답식 학교이다. 기독교 교리의 문답을 통하여 예수의 생애 · 부활 · 십자가에 대한 예비지식을 가르쳐 세례를 받게 하기 위한 준비교육으로 처음에는 성인들만을 대상으로 교육을 실시하였으나 나중에는 어린이들까지도 입학시켰다. 수업기간도 처음에는 짧았으나 나중에는 2년 내지 3년의 기간이 지나야 졸업시켰으며, 교육내용은 읽기 · 쓰기 등의 초보적인 지식이었다.

(2) 수도원학교

수도원학교의 교육목적은 현세를 위한 교육이 아닌 오직 내세에 가서 영원한 삶을 누릴 수 있는 준비를 하는데 있었다. 최초의 수도원은 승려들을 위한훈련만을 실시하였으나, 8~9세기에 들어가서는 승려가 아니라 일반 가정의 소년들을 대상으로 하는 교육을 실시하였다.

수도원학교의 근본 사상은 부패한 인간사회를 떠나서 신과 같은 깨끗한 생활을 하자는 금욕주의인데 순결 · 청빈 · 복종의 정신자세가 강조되었다. 당시 수도원 교육 정도는 매우 낮은 것이었으나, 학문을 유지하고 발전시킨 공적은 크다고 하겠다. 수도원의 교육은 초등반에서는 읽기, 쓰기, 셈하기를, 고등반에서는 문법, 수사학, 논리학, 산수, 음악, 기학, 천문학을 가르쳤다.

(3) 시민학교

시민이란 봉건제도하에서 지배자에 대한 납세의 의무를 지는 제3의 신분으로서 정치적이나 사회적으로 억압된 계급으로 구성되고 있었다. 십자군 전쟁이후 새로운 도시가 발달하고 상공업이 더욱 번창하게 됨으로써 신흥 상공계급인 시민들이 경제생활에 있어서 새로운 강력한 세력을 형성하고 그들과 그들의 자제들에게 필요한 교육을 요구하게 되었다.

실질적 세력을 장악한 시민계급은 종래의 지배계급 위주의 교육과는 다른, 자신들의 실생활에 필요하고 알맞은 교육, 즉 직업적이고 생산적인 교육을 요구하게 되었다. 중 세말 도시의 새로운 시민정신과 시민문화가 형성됨으로써 세속적이고 현실적인 시민교육이 요청되었던 것이다.

(4) 대학

중세말기 가장 주목할 만한 교육은 대학의 성립이다. 중세대학은 중세의 문답학교와 수도원학교를 모체로 하여 탄생하였다. 중세대학은 십자군 원정으로 인한 시민사회가 출현함으로써 지적인 탐구와 외국문물에 대한 호기심이 이었던 스콜라 철학자 및 학생들이 학문자치조합으로 출발한 것이 중세의 대학이다. 오늘의 대학이라는 명칭은 단체 또는 조합을 뜻하는 universitas에서 유래된 말이다. 최초의 대학으로는 이태리 Salerno대학(1060)과 Bologna대학(1088) 그리고 프랑스의 Paris대학(1109)을 꼽을 수 있다. 중세의 대학은 치외법권 지역이었으며, 학위수여권과 세금 · 부역 · 병역이 면제되는 특권을 향유하고 있었다.

다. 근대의 교육

서양교육사의 시대 구분에서 고대와 중세의 명칭 사용은 보편적이지만 근세 혹 근대의 용어는 거의 사용하지 않고 중세가 끝나는 15세기부터 19세기까지의 교육을 세기별 혹은 사조별로 다루고 있는 것이 통례이다. 이는 이 시대가 매 시기마다 다양한 사상이 등장하여 하나의 특징적인 사상으로 시대적 특성을 나타내기 어려울 뿐 아니라 유럽 또한 여러 국가로 분열과 통합을 거듭함으로써 민족적, 국가적 동질 요인을 찾아보기 어려워졌기 때문이다. 그러나 여기서는 편의상 근세의 교육이라는 이름하에 시대와 사조를 통합하여 유럽을 중심한 서양 사회의 교육적 전통을 알아보고자 한다.

(1) 르네상스 시대의 교육

이미 14세기경부터 중세사회 경제적 기반은 동요하고 중세적 세계관이 붕괴되기 시작하였다. 또한 분권적 봉건제도가 무너지면서 중앙집권적인 통치 국가로 국민국가가 형성되고 가톨릭에 의지하였던, 중세의 강력한 교회제도는 물질적인 면에서나 정신적인 면에 있어서 성직자와 일반 시민들의 생활 형태의 세부적인 사항에 이르기까지 일일이 규칙을 제정하여 그들의 심신양면을 속박하였다. 인간성 회복을 외치면서 등장한 르네상스 운동은 문학으로부터 시작하였으나, 곧 모든 학문영역과 사회생활 전반에 영향을 미쳐 인문주의 또는 인본주의가 성행하게 됨으로써 인류 발전의 새로운 장을 열게 되었다. 중세사회가 붕괴되는 과정 속에는 이미 근대적인 여러 요인들이 과도기적인 형태로나마 그 성격을 드러내기 시작하였다. 고대문화의 부활과 재생을 뜻하는 르네상스는 단순히 재생이 아니라 인간과 자연에 대한 새로운 각성운동으로 나타났다.

이와 같은 인간성의 재발견 운동은 중세 기독교의 고정적인 문화 형태에 대한 반란의 양상으로 나타나 신을 중심으로 하는 중세 신학 대신에 인간을 중심으로 하는 학문이 강조되었는데, 고대 그리스 · 로마 문학을 애호하는 이른바 휴머니스트들에 의해서 주도되었다. 휴머니스트들은 인간의 본성인 인간성의 발현을 존중하여 개인 스스로가 자신의 잠재적 능력과 가능성을 인식할 수 있도록 교육하는 데에 주력하였다. 교육내용은 주로 언어 · 문학 등의 능력을 함양하는 것으로 구성되었으며 라틴어 학습을 실시하였다.

(2) 종교개혁 시대의 교육

16세기 독일을 중심으로 일어난 종교개혁운동은 서민계급을 중심으로 이루어졌는데, 기존 교회의 타락성에 반항하여 보다 실제적으로 성서에 치중함으로써 원래 기독교의 교리를 부흥하여 새로운 사회를 건설하려고 하는 의지에서 출발하였다. 종교개혁이 가져다 준 적극적인 생활방식은 세속적인 생활 전반에 영향을 미쳤다. 종교개혁 지도자들은 교육에 깊은 관심을 가지고 교육을 통해 그들의 이상을 실현하려고 하였다. 루터는 생명의 위험 속에서도 어학적 재능을 발휘하여 처음으로 성경을 독일어로 번역하였고, 모국어로 번역된 성경은 사람들에게 널리 읽히기 시작했으며 이러한 현상은 교육의 요구를 더욱 증대시켰다. 성경을 읽기 위하여 만인에게 교육기회가 주어져야 한다고 생각한 루터는 역사상 최초로 의무교육 제도를 주장하였다. 그는 교회의 통제로부터 교육을 해방시키려 하였으며 정부가 학교를 설립해야 한다고 주장하였다. 그는 이 빛나는 아이디어를 저술을 통하지 않고 설교를 통하여 사람들에게 전달하였다.

종교개혁기의 교육목적은 합리적, 자유주의적 신앙생활과 사회적으로 통합된 기독교인을 양성하는데 있었다. 교육내용으로서는 초등교육에서는 성경의 연구, 모국어, 산수, 음악, 체조 등이었고, 중등교육에서는 라틴어, 그리스어, 히브리어, 수학, 논리학, 수사학 등이었으며, 고등교육에서는 스콜라 철학, 성서의 연구가 중심이 되었다. 교육방법은 전통적 방법이 중심이었으나, 부분적으로 직관주의 방식이 이용되기도 하였다.

(3) 17세기 실학주의 교육

르네상스와 지리상 발견, 그리고 종교개혁으로 근대의 동이 튼 유럽은 16세기로부터 18세기에 걸쳐 절대왕정시대를 맞이하게 되었다. 이 시기는 유럽 근대사회 성립의 초기 단계로써 절대 왕권을 중심으로 근대국가의 체제가 갖추어지기 시작하고 근대 문화의 확고한 토대가 구축되었다. 실학주의란 경험할 수 있는 사물에 따른 교육을 강조하는 주장이다. 실생활이나 사물을 통하여 우리에게 필요한 지식을 가르침으로써 유능한 인물을 양성하려 하였다. 언어에 한정하여 가르치는 언어주의에 반대하고, 언어나 문학보다는 자연현상이나 사회의 실제적인 제도를 교육의 중요한 자료로 활용해야 한다는 주장으로 무예부흥의 인문주의가 편협한 키케로 주의로 변질하자 이에 대한 반성과 비판으로 생겨난 것이다.

실학주의 교육은 인문적 실학주의(humanistic realism), 사회적 실학주의(social realism), 감각적 실학주의(sense realism)로 구분되는데, 인문적 실학주의는 고전의 연구를 통해 현세 생활에 잘 적응할 수 있는 유능한 사람의 양성을 목적으로 하며, 사회적 실학주의는 고전 교육보다는 실행활의 경험을 통해 신사로서의 소양을 갖추는데 목적을 두고, 또 감각적 실학주의 혹은 과학적 실학주의는 감각적 직관을 교육의 기초로 삼아 실물을 통한 실제적 교육을 강조하는 사조이다.

따라서 실학주의는 인문주의자와 종교개혁자들의 편협성에 대한 반항에 일어난 것이라 할 수 있다. 인문주의자는 개별적 개인적이었기 때문에 문학적 심미적 업

적달성에 그들의 노력을 경주했고, 종교개혁자는 사회적 정치적이었기 때문에 그들의 노력을 종교적 도덕적 방향에 전념했다.

교육에서의 실학주의는 철학이나 예술, 문학평론에서 실제론, 사실주의와 비교할 수 있다. 실학주의는 구체적인 지식, 실제적 및 직업적 기술, 언어의 문학적 사용보다는 상업이나 외교를 위하여 언어를 학습하며, 역사, 정치, 법학 및 과학의 학습을 의미한다.

(4) 18세기 계몽주의와 교육

영국의 명예혁명(1688)으로부터 프랑스 혁명(1789)에 이르는 시기는 봉건사회가 해체되고 근대사회가 형성되는 시기였다. 이 시기에 근대사회 형성의 과도기적 역할을 한 계몽사조가 일어났다. 계몽주의란 인간의 이성과 지성을 해방하여 인간의 지성적 자율을 수립하려고 했던 사조를 의미한다.

이러한 계몽주의 교육은 자연주의, 합리주의 실리적 현세주의라는 세 가지 특징을 갖고 있다. 계몽주의 사상의 첫 번째 특징인 자연주의는 인간을 자연 그대로 보는 것을 본질로 하는 것을 의미하는 것으로서, 루소(1712~1778)로부터 발아된 사상이다. 즉, 아동교육에 있어서 기존의 관습적으로 갖고 있는 일체의 권위를 부정하고, 자연의 원리 속에서 아동의 본성에 알맞은 교육내용과 방법을 탐구하여 가르쳐야 한다는 사상이다. 인간에 의해 인위적으로 형성된 지식체계가 아니라 아동의 천성에서 나오는 흥미와 생활의 필요에 의해 자연스럽게 일어나는 활동을 중심으로 교육내용을 구성하여야 하며, 교육방법도 실물교육과 직관교육을 강조하는 이른바 합자연하는 교육을 하자는 주장이다(오성삼 외, 1996). 이러한 루소의 자연주의 사상은 페스탈로치, 프뢰벨, 듀이로 이어져 근·현대교육사상에 크게 영향을 미치고 있다.

계몽주의 사상의 두 번째 특징인 합리주의는 인간의 이성과 지성을 존중하는 교육을 하자는 주장이다. 즉, 생활의 모든 문제를 이성의 힘으로 해결하자는 것으로 특히 디드로(1713~1784)를 중심으로 한 백과전서파는 인간에게 행복을 가져다주는 가장 확실한 길은 지성에 있다고 보고 있다.

계몽주의 사상의 세 번째 특징인 실리적 현세주의는 내세주의와 대립되는 것으로서, 현실세계에서 구체적 행복을 추구하는 교육을 하자는 주장이다. 그리하여 자연과학적 발명이 독려되고, 종래의 라틴어 중심에서 모국어 중심의 교육으로 나타났다(박의수 외, 1993).

(5) 19세기 신인문주의와 교육

유럽의 근대사회는 프랑스 혁명과 산업혁명을 계기로 19세기에 확립되었다. 즉, 프랑스 혁명이 제기한 자유주의와 민족주의, 산업혁명으로 인한 산업화의 진행에 따른 노동문제와 사회문제 등이 복잡하게 얽히면서 발전하였다. 따라서 19세기의 유럽사는 유럽 근대사회의 확립과 발전의 역사라고 할 수 있다. 19세기는 역사적 진전이 매우 복잡하고 그 변화가 급격한 시기였다. 정치 · 경제 · 사회 · 문화 등 모든 면에서 일대 변화가 일어난 격변기였다.

신인문주의는 그리스의 고전문학에 대한 동경을 원동력으로 하면서, 언어주의 특히 라틴어 중심의 키케로주의로 전락했던 르네상스의 구인문주의에 반대하고, 그리스어를 존중하며 그리스의 문학과 미술 등의 내용 속에서 참다운 인간성을 찾음으로써 근대인으로서의 인간성을 찾으려하였다. 신인문주의는 계몽사상의 합리적이고 공리적인 것에 반기를 들고, 인간성의 원만한 발달을 숭상하며, 정의를 존중하려는 사상이다. 신인문주의는 고대 문화의 형식적인 모방에 그쳤던 르네상스의 구인문주의의 잘못됨을 비판하고, 그리스의 고전 속에 담겨져 있는 정신과 사상을 본받자는 사상이다. 그리하여 교육에 있어서는 인간의 지 · 정 · 의 모든 영역이 풍요하고 폭넓게 발달을 지향하게 되었다. 이러한 19세기의 흐름은 교육 사상에 있어 계발주의를 배태하게 되었다. 계발주의 교육사상의 대표적인 학자는 페스탈로치(1746~1827), 헤르바르트(1776~1841), 프뢰벨(1782~1852) 등을 들 수 있다.

제3절 학습의 기본원칙

1. 교수법(教授法)의 정의

교수법이란 교관이 피교육자들에게 군대교육을 가르침에 있어서 가장 짧은 시간 내에 최대한의 교육효과와 능률을 증진시킬 수 있는 교육기술과 방법을 말한다.

교관은 실무 경험, 자신의 연습 등 계속 부단한 노력으로 교육 기술을 습득하여 피교육자들에게 지식과 교수 능력을 전달 및 지도할 수 있도록 자기 향상에 전력을 경주하여야 한다.

2. 학습의 기본원칙

가. 개 요

학습이란 어떠한 개인이 지금까지 할 수 없었던 일을 할 수 있도록 하기 위해서 새로운 지식과 기술을 습득하고 이를 응용할 수 있는 능력을 배양하는 과정을 말한다. 학습은 피동적이 아닌 능동적인 방법으로 학생들에게 목적의식이 있고 가치가 있는 학습내용을 습득시켜야 하며 학생들이 자발적으로 학습에 임할 수 있도록 하여야 한다.

나. 학습의 기본 원칙

- 동 기
- 목 적
- 실 습
- 현실성
- 배 경
- 판 단

(1) 동기

(가) 개요

동기란 마음의 결정이나 행동의 직접적인 원인이 되는 것으로 학생들이 자발적으로 학습을 할 수 있도록 교관이 의식적으로 부여하는 자극을 말한다. 만약 목적의식이 강하고 뚜렷한 목표를 설정하며 배우겠다고 하는 확실한 동기를 지니고 있다면 동기가 부여되지 않을 때 보다는 정신적으로나 육체적으로 보다 학습의욕에 대한 더 많은 성과를 기대할 수 있다.

그러므로 교관은 동기를 사전에 잘 조성할 수 있도록 꾸준히 노력하여 학생으로 하여금 학습에 대한 의욕을 가질 수 있도록 해야 한다.

(나) 동기 조성방법

- 필요성 제시
- 학습의 의욕증진
- 흥미유지
- 조기 성공 격려
- 인정 및 칭찬
- 감정 조절
- 경쟁 의욕 고취
- 상벌 방법 적용

1) 필요성 제시

교관은 교육 직전에 학생들에게 이 과목은 왜 배워야 하고 앞으로 어디에 사용하게 된다는 필요성을 제시하여 학생들 자신이 과목을 배우려는 의욕을 북돋아 주어야 한다. 따라서 학생들에게 이 과목은 실무부대 근무에 어떠한 도움을 주고 사회에 나아가서 어떠한 이점이 있다는 등, 타 조건과 연관시켜서 과목을 설명해 주는 것은 과목에 대한 동기의 조성과 필요성을 제시하는 방법의 하나가 된다.

2) 학습의 의욕 증진

교관은 교육 직전에 학생들 각자에게 학습 결과에 대한 책임은 자기 자신에게 있다는 사실을 이해시켜 학생들 자신이 스스로 노력할 수 있는 동기를 조성해 주어야 한다, 만약 학생들이 배우고 싶어 하는 생각이 없이 학습에 임한다면 시간만 낭비하는 결과를 초래하고 학습에 대한 효과가 감소한다.

그러므로 교관은 정신적으로나 육체적으로 온 정열을 집중하여 학생들이 과목에 열중할 수 있도록 학습의 효과를 자주 파악해야 한다.

3) 흥미 유지

교관은 학생들이 학습에 대한 열의를 집중시키고, 흥미를 계속 유지시키기 위하여 흥미 있는 교육을 실시하여야 한다.

- 명확한 설명
- 이야기와 경험담
- 교육보조재료 사용
- 수사적 질문(修辭的 質問)
- 예증(例證)과 실례(實例)

가) 명확한 설명

명확한 설명은 항상 흥미를 유발시켜 주나 막연하고 추상적인 설명은 이해가 곤란함은 물론 흥미를 상실하게 되므로 교관은 언제나 명확하게 학생들에게 설명을 해줌으로써 과목에 대한 이해를 용이하게 할 수 있다.

나) 이야기와 경험담

교관은 자기가 부여받은 학과를 흥미 있게 진행하기 위해서는 딱딱하고 원칙적인 사항만을 설명하는 것보다는 필요시 원칙과 내용에 부합되는 이야기와 경험담 등을 학생들에게 들려주어 학생들이 긴장을 풀고 과목에 열중할 수 있는 분위기를 조성해 주어야 한다.

다) 교육보조재료 사용

교육 보조 재료란 교육의 효과와 흥미를 증진시키기 위하여 모든 자료를 말한다. 교관은 내부 구조 및 기능이 복잡한 회로에 대한 설명시 교육 보조 재료를 사용하여 학생들의 이해를 도와주고 흥미를 유지시켜 주의를 집중시킬 수 있도록 해야 한다.

라) 수사적 질문(修辭的 質問)

수사적 질문이란 교관이 어떤 문제를 제시하여 학생들이 그에 대한 해답을 할 수 있도록 유도한 다음 교관 자신이 답변하는 것을 말하며 이는 학생들이 그 문제에 대한 해답을 머릿속에 구상하고 문제의 요점을 정확하게 파악 할 수 있게 하고 독자적인 사고력을 부여하기 위하여 때때로 사용하는 교수의 방법이다. 수사적 질문은 교관과 학생을 통합시켜 주어 흥미를 유지시켜 주는 좋은 방법이다.

마) 예증과 실례

예증이란 설명할 내용을 말로만 하는 것이 아니라 흑판에 도해를 하거나 공식에 수치를 대입시키는 등 예를 들어 증명하는 것을 말하며 실례란 사실적인 일을 담화 식으로 말하는 것을 말한다. 교관이 학생들의 흥미를 유지시켜주기 위하여 필요시 예증과 실례를 들어가면서 과목을 설명하면 학생들이 쉽게 기억할 수 있고 추상적인 개념을 명백하게 한다.

4) 조기 성공 격려

자기가 이미 배운 사항이나 하고자 하는 일이 예상보다 빨리 성공하면 자신감을 갖게 되고 기쁨과 만족감을 느끼게 되므로 학생들은 더 많은 학습을 하려고 노력하는 좋은 동기가 조성된다. 그러므로 교관은 최초 단계에서는 학생들이 쉽게 풀 수(성공) 있는 일을 계획하여 흥미 있는 분위기 속에서 학습을 할 수 있게 하여야 한다.

5) 인정 및 칭찬

사람은 누구나 잘한 일에 대하여 인정과 칭찬을 받고자 하는 심리적인 욕구를 가지고 있다. 그러므로 교관은 학생들이 내용을 쉽게 이해하거나 어떠한 문제를 해결했을 때는 인정과 칭찬을 해주어 그들이 기쁨과 만족감을 갖게 함으로써 학생들은 흥미를 계속적으로 유지하게 된다. 또한 교관은 학생들이 만족스럽지 못한 일을 하더라도 좋은 점을 골라 칭찬해 주고 잘못된 점에 대해서는 자극적인 언급을 피하고 가볍게 타일러 주어 학생들이 학습에 적극적으로 참여할 수 있도록 해야 한다.

6) 감정 조절

감정은 학습에 영향을 준다, 그러므로 교관은 분개하거나 흥분한 상태 등 좋지 않은 감정을 가지고 교육에 임하여 학생들에게 불안한 마음을 주어서는 안 되며 학생들이 안정되고 좋은 분위기 속에서 학습에 열중할 수 있도록 항시 노력해야 한다.

7) 경쟁 의욕 고취

우호적인 경쟁은 학습에 자극을 준다.

사람은 누구나 남에게 지지 않으려는 경쟁심을 가지고 있기 때문에 교관은 이와 같은 심리를 잘 이용하여 학습을 효과적으로 유도하여야 한다. 교관은 학습을 2개 또는 그 이상의 조를 편성하여 상호 발표하게 하여 학습의 협동심을 기르고 독창력과 용기를 갖게 하여야 한다.

경쟁방법을 잘못 이용한다면 극히 이기적이고 질투심을 가져오는 나쁜 점도 있으므로 가능한 개인 경쟁을 지양하고 우호적인 단체 경쟁 방법으로 동기를 조정해야 한다.

8) 상벌 방법 조정

포상은 학생 자신이 스스로 학습케 하는 좋은 방법이므로 잘하는 학생에게는 포상의 특혜를 주어 누구나 잘 하려고 노력하게 해야 한다. 그러나 잘못하는 학생에게 너무 가혹한 처벌방법을 적용하면 오히려 분개하고 반감을 사게 되어 학습을 실패할 우려가 있으므로 교관은 상벌 방법을 기술적으로 적용해야한다.

(2) 목적

학생들은 학습 시에 무엇을 어떻게 배울 것인가에 대해서 궁금한 상태로 학습에 임하므로 교관은 학습에 지향할 목표를 학생들에게 알려주어 그들이 과목에 열중할 수 있도록 해주어야 한다. 따라서 교관은 서론에서 과목을 소개할 때 과목의 목적과 학생들에게 요구하는 교육 수준을 반드시 강조해 주어야 한다.

(3) 실습

학습은 듣고 읽고 보는 것 보다는 실제로 자기 손으로 부분품 하나하나를 조작하면서 배우는 것이 가장 이해하기 쉽고 장시간 기억에 남는다. 그러므로 교관은 학생들에게 실습을 반복시켜 교육의 효과를 최대로 얻을 수 있도록 노력해야 한다.

예를 들면 K-2 소총 분해 결합 교육시 설명하는 것보다는 부분품 하나하나를 교관과 학생이 같이 분해 또는 결합하면서 실습을 하면 예상보다 쉽고 빠르게 교육 효과를 달성할 수 있다.

(4) 현실성

현실성 있는 교육이란 학습시 세운 원칙을 실제 상황에 부합되도록 실시하는 것으로 전술 훈련시 실제 적진지를 구축하고 적 전술에 입각하여 각종 장애물을 설치하고 대항군을 운용함으로써 학생들이 각종 상황 하에서 실전과 같은 훈련을 실시하는 것을 말한다.

평소의 현실성 있는 교육훈련은 실전에서 승패를 좌우하는 중요한 요소가 되므로 교관은 학생들에게 가능성 있고 합리적인 상황으로 훈련을 전개할 수 있도록 지형의 연구와 편성 장비 등의 모든 것을 실제 상황에 부합되도록 유도해야 한다.

(5) 배경

배경이란 학생들의 지식과 경험 그리고 과거의 교육정도를 말하며 학생들의 과거 경험은 생활환경에 따라 각각 상이 하므로 한 가지 설명에 대하여 모두가 동일한 의미로 받아들이지는 못한다. 그러므로 교관은 자기가 의도하는 대로 학생 모두가 이해할 수 있는 방법을 엄밀히 선택하여 교육하여야 한다.

그러므로 군사교육의 초기 단계에서 교관은 기초부터 단계적으로 교육을 실시해야 한다. 예를 들면 분대 전투는 각개전투와 분대전투 대형을 숙달시킨 다음에 훈련하여야 하며, 사격술은 사격술예비훈련을 마친 다음에 실시하여야 한다.

(6) 판단

판단이란 적시적절하고 건전한 결심을 하기위해서 과제에 대한 문제점과 그에 대한 해결 방안을 논리적으로 비교 분석하는 것을 말한다.

교관은 학과 자체의 이해나 숙달에만 치우칠 것이 아니라 학생들이 교육을 통하여 얻은 지식과 능력으로 어떠한 상황에 직면하였을시 적절히 조치를 할 수 있는 판단력 배양에 관심을 가져야 한다.

전투시에 전개되는 각종 상황을 일일이 학생들에게 가르칠 수는 없으므로 기본원칙을 가지고 각종 상황을 즉각 조치할 수 있는 판단력을 길러주어야 한다.

제2장

군대교육

제1절 교육훈련의 개념
제2절 군대교육 정의 및 목적
제3절 군대교육의 3대 요소
제4절 교관의 역할 및 자세

제2장

군대교육

제1절 교육훈련의 개념

1. 교육훈련(教育訓練)이란?

「교육」과 「훈련」은 개념상으로는 구분이 되지만 교육활동이 이루어지는 현상을 볼 때, 어디까지가 「교육」이고 「훈련」인가를 명확하게 구분하기 어렵기 때문에 통상 「교육훈련」이라고 말한다.

2. 교육과 훈련의 정의

교 육(教育)	훈 련(訓練)
지혜와 판단력을 함양하기 위하여 개인의 지능을 계발하는 "일련의 인위적인 활동"	인간의 행동을 습관적이고 규칙적으로 자동화된 수준에 이르도록 "반복하는 실천적인 활동"

3. 교육의 어원

구 분	동 양	서 양
어 원 (語 源)	• 教育(교육): "得天下英材教育之三樂也" (득천하영재교육지삼락야) * 맹자 진심편(盡心篇) –	• Educare(교육): 「E」(밖으로) + 「ducare」(끌어내다) * 그리스 합성어
의 미	"가르쳐 기른다."	"숨겨진 힘을 끌어내어 발휘하게 한다."

제2절 군대교육 정의 및 목적

1. 군대 교육의 정의

국방에 관한 특수한 전문가로서의 개인 및 부대의 잠재능력을 국방임무수행에 적합하도록 계발시키기 위하여 교관과 학생(부대원)간에 의도적, 계획적, 조직적으로 이루어지는 제반활동이다.

2. 군대교육의 목적

군의 존재 목적은 유사시 적과 싸워 반드시 승리함으로써 국가를 보위하는 것이다. 따라서 이를 달성하기 위한 군대교육의 목적은 "적과 싸워 이길 수 있는 개인과 부대를 육성"하는데 있다.

3. 군대교육의 특징

- 간부가 교관
- 전장 및 전투실상을 고려한 교육훈련
- 전투능력 배양
- 관련요소의 다양성

가. 간부가 교관

군대교육의 특성 가운데 한 가지가 간부들이 곧 교관이라는 것이다. 부대를 이끌어나가는 간부들이 부대원 교육 담당자로서 임무를 수행함으로서 유사시 적과 싸워 이길 수 있는 능력을 배양하게 된다.

나. 전장 및 전투실상을 고려한 교육훈련

군대교육은 전장 및 전투실상을 기준으로 전장 환경을 극복하기 위한 능력 배양과 실전적인 훈련에 주안을 두고 실시한다.

전장 환경은 위험하고 극한상황을 극복하기 위해서는 정신적 · 육체적 · 지적으로 특수한 능력을 요구한다. 또한 군대 교육은 전장과 전투실상을 직접 체험할 수 없는 한계성을 지니므로, 이를 극복하기 위하여 상황을 인위적으로 조성하거나 타인의 경험을 자기 것으로 만들어 보다 실전적인 교육훈련이 되도록 노력해야 한다.

우리민족의 영웅인 성웅 이순신장군의 본영이 있었던 한산도에는 사대(활 쏘는 장소)에서 표적사이가 바다인 화살 터가 있었다. 배에서 왜적의 전선을 향해 활을 쏘아야 하는 수군에게는 바다 위에서의 거리 감각이 매우 중요하기 때문에 이순신 장군은 평상시 육지에서 훈련할 때에도 바다위에서 거리감각을 익힘은 물론, 배위에서 적전선에 활시위를 당기는 듯한 착각에 빠지도록 "바다 활터"를 만들어 실질적인 훈련을 시켰던 것이다.

다. 전투능력 배양

군대교육은 전투임무수행을 위한 정신적, 물질적, 기술적 능력배양에 중점을 두고 있으며 다음과 같이 전투력을 배양한다.

- 군인정신 중시
- 팀 능력 배양
- 지식의 능력화
- 수준 유지 반복 훈련

(1) 군인정신 중시

군인은 올바른 가치관을 확립하고 국가와 민족을 위하여 기꺼이 신명을 바칠 수 있는 투철한 군인정신을 가지는 것이 가장 우선적이며, 이를 함양하는 것이 교육훈련의 핵심이다.

(2) 지식의 능력화

이론적 지식이 아무리 많아도 실제적인 능력으로 표출되지 않는다면 전투력으로 발휘되기는 어렵다.

따라서 아는 것으로 끝나는 것이 아니라 체질화, 행동화 되어야 한다.

월남전시 군인정신이 약한 미군은 우수한 장비와 물자를 가지고도 전투력이 제대로 발휘되지 않았다.

※ 월남전시 미국의 현황

- 전투이탈: 평균 1,000명중 38명 규모
- 마약중독: 파월 미군 전체의 약 28%
- 상관살해: 4,000여명 간부 전사자중 1,016명(25%)이 부하에 의해 살해
- 항명: 1971년에만 254건

→ 가치관 재정립
정신교육 강화
※군인정신 회복

→ 걸프전에서 완벽한 승리

(3) 팀 능력 배양

전투는 개인이 아닌 집단. 즉 부대에 의해 수행된다. 따라서 군대교육은 개인 훈련의 완성과 함께 팀 능력을 배양하는데 중점을 두고 있으며 집단의 공동 목표 달성을 위한 구성원으로서의 자질을 계발하는데 목적이 있다.

(4) 수준 유지 반복 훈련

전투력이 어느 수준에 한번 달성되었다고 끝나는 것이 아니다. 즉, 사람의 망각 주기나 병력의 교체로 인해 한번 완성된 전투력도 변화가 되므로 평상시에 지속적인 반복훈련을 실시함으로써 연간 균형 잡힌 전투 준비 태세를 유지하여야 한다.

라. 관련요소의 다양성

군대는 교육훈련 제도 및 내용은 각종 교리의 발전, 구조 및 편성, 무기 및 장비 발달, 미래전장 환경 변화, 적의 전술 및 능력 등에 의해 많은 영향을 받고 있다. 그러므로 간부는 위와 같은 변화를 예측하여 능동적으로 대처함으로써 교육훈련의 낙후성과 진부성을 예방하고, 항시 교육훈련의 정보화, 과학화를 추구해야 하는 것이다.

제3절 군대교육의 3대 요소

군대교육의 3대 요소는 교관, 학생, 교육내용으로 구분된다. 교관은 학생에게 잘 가르치려면 학생 수준과 교육 내용에 관하여 지식이 풍부해야 한다. 또한 학생의 견지에서 교육과정을 검토하고 이에 의거하여 계획을 수립하여야 한다.

1. 교관

교관은 군대교육에서 "가르치는 사람"을 말하여 교관은 제반 교수활동의 주체자로서 학생(부대원)의 잠재된 능력개발을 촉진시켜야 할 책임과 사명을 가진다.

2. 학생

군대교육에서 "배우는 사람"을 학생(부대원) 이라고 하며, 부대원의 여러 가지 인성적 특성이나 능력 및 학습태도 등은 교관의 교수기술과 방법을 결정하는 매우 중요한 요소로 작용한다.

가. 일반적 능력

학생(부대원)이 갖는 지능, 언변능력, 공간지각능력 등을 일반적 능력이라고 하며, 학습 성취도를 극대화하기 위해서는 이러한 학생(부대원)들의 능력에 맞는 다양한 교수방법을 사용해야 하는 것이다.

나. 정의적(正義的) 특성

학생(부대원)이 갖는 감정과 의지 즉, 학습태도와 자아개념을 정의적 특성이라고 하며, 이러한 요소는 학습 성취와 밀접한 관계를 갖고 있다.

(1) 학습태도

학생(부대원)이 가지고 있는 태도는 지적인 호기심, 독자적인 학습태도, 학습과제에 대한 집착력으로 나타나며, 이는 학습 성취와 직접 관계되는 요인이 된다.

구 분	내 용
지적인 호기심	• 어떠한 문제에 대해 의문을 갖고 해결방안을 찾기 위한 노력을 통해 학습 성취도는 향상된다.
독자적 학습태도	• 문제를 해결할 때 나타나는 성향을 말하는데 다음과 같이 두 가지 유형이 있다. - 스스로 찾아서 해결하는 병사 - 주어진 지시에만 따라하는 병사
과제에 대한 집착력	• 어떤 과제를 끝까지 해결하려는 끈기를 말한다. ※ 지능이나 창의력보다 학습 성취에 더 중요한 요인이 되기도 한다.

(2) 자아개념

자기 자신에 대한 생각, 태도, 느낌 등을 통합적으로 자아개념이라고 한다. 이러한 자아개념이 어떻게 나타나느냐에 따라 학습 성취도에 많은 영향을 준다. 자아개념이 긍정적일 경우는 학습 성취도가 극대화 되지만, 부정적일 경우는 일시적으로 학습 성취가 가능하나 계속적인 목표달성은 제한 될 수 있다.

3. 교육내용

교육목적(목표)을 설정하여 학생(부대원)들에게 학습 시키고자 하는 "어떤 의도", 즉, 교육목표의 구체적인 표현을 교육 내용이라고 하는데 교육내용을 선정할 때는 다음과 같은 요소를 충분히 고려해야 한다.

구분	내용
타당성/유의미성	논리적, 기본적 의미를 포함하여야 한다.
내용의 유용성	현실적으로 사용하기에 충분한 내용이어야 한다.
학습의 가능성	쉽게 가르치고 이해할 수 있는 내용이어야 한다.
내·외적 관련성	타 과목의 유기적인 관계가 있어야 한다.
인간발달을 기준	사회적 가치를 지향하는 내용이어야 한다.

제4절 교관의 역할 및 자세

1. 교관의 역할

- 해당분야의 전문가
- 학습관리자
- 동기 유발자
- 상 담 자
- 삶의 모범자

가. 해당분야 전문가

교관의 여러 임무 중에서 첫째는 부대원들에게 필요한 지식을 가르치는 것이다. 이를 위해 교관은 해당 분야에 대하여 풍부한 지식과 경험을 갖추고 학생(부대원)들에게 지식이나 탐구방법을 전달하고 숙달시켜야 하는 것이다.

나. 학습 관리자

교관은 학생(부대원)들의 학습활동을 감독하고 평가하고, 각종기록을 작성하는 등 교육훈련 관리업무를 담당한다. 즉 단순히 가르치는 일뿐만 아니라 학생(부대원)들에 대한 통제와 평가를 통해 학습 성취를 달성하도록 지도하는 것이다.

다. 동기 유발자

학생(부대원)의 학습을 촉진하기 위해서 학습동기를 유발시키는 역할을 수행해야 한다. 교관은 이러한 역할을 통해 학생(부대원)들에게 현재 수준보다 더 나은 지적 성장을 확장시켜 주도록 도와주어야 한다.

라. 상담자

교관의 또 다른 중요한 역할은 부대원에 대한 상담자로의 역할이다. 교관은 자신의 가치관과 신념, 그리고 사고체계 속으로 끌어들여 조기에 적응을 하도록 도와주는 상담자의 역할을 수행하여야 한다.

마. 삶의 모범자

교관은 그 부대(학교)를 대변하는 모델로서의 역할도 수행하게 된다. 즉 교관은 한 인간으로서의 삶의 태도와 방식에 이르기까지 모범적인 위치에서 학생(부대원)과의 상호교감(交感)을 통하여 서로 신뢰하고 존경하며 사랑하는 인간관계를 형성해야 한다.

2. 교관의 자질 향상방법

가. 교관의 자질이란

교관의 자질이란 학생(부대원)을 바람직한 방향으로 지도하기 위해서 교관이 갖추어야할 구비조건을 말한다. 훌륭한 교관이 되기 위한 기본적인 구비조건으로는 풍부한 관련지식, 전문적인 교수기술, 인성적 자질 등이 있다.

나. 훌륭한 교관의 구비조건

(1) 풍부한 관련지식

학생(부대원)을 잘 교육시키기 위해서 교관은 자기 분야에 대한 풍부한 지식과 경험이 요구된다.

같은 내용을 교육해도 지식이 풍부한 교관은 쉽게 이해할 수 있도록 가르치고 학생(부대원)들의 학습 분위기도 자연스럽게 집중시킬 수 있는 것이다.

(2) 전문적인 교수기술

교관이 가지고 있는 교수기술은 교육훈련의 효율성을 제고시키고 학생(부대원)의 잠재능력을 향상시키며 학습의 성취수준을 최대화 시킬 수 있는 중요한 요소가 된다.

특히 군대교육은 일정 집단의 학생(부대원)에게 동일한 내용과 방법으로 동시에 지도하는 경우가 많으므로 교관의 전문적인 교수 기술에 따라 그 성과는 큰 차이를 가져오게 되는 것이다.

(3) 인성적(人性的) 자질

교관의 인성적 자질은 "어떤 사람이 교관이 되어야 하는가?" 하는 것이다. 교관의 인성적 자질은 학생(부대원)들의 학업성취에 결정적 영향을 미치게 된다. 보다 좋은 교육을 위하여 교관에게 요구되는 대표적인 인성적 자질은 다음과 같다.

- 정서적 안정
- 활동성
- 정직성
- 수용성
- 협동성
- 지도성

(가) 정서적 안정(情緒的 安靜)

교육훈련에서 교관의 정서적 안정은 직·간접적으로 교육생들에 미치는 영향은 매우 크다. 따라서 교관은 지나친 상념이나 근심에서 벗어나도록 노력해야 하며 학생(부대원)들의 지나친 행동에도 과민한 반응을 보이지 말고, 우월감이나 열등의식에 사로잡히지 않도록 해야 한다.

(나) 활동성(活動性)

건강한 신체는 건전한 정신을 낳고 왕성한 활동력을 가져온다. 교관이 계획된 수업을 적극적으로 추진하기 위해서 활동성은 필요하며, 이러한 활동성은 학생들의 학습태도나 학습 분위기에 영향을 주게 된다.

(다) 정직성(正直性)

교관이 가지고 있는 올바른 가치관과 도덕성은 어떠한 여건 하에서도 적시 적이고 정당한 판단을 할 수 있는 기준이 된다. 학생(부대원)에 대한 공정한 대우와 관심, 올바른 판단, 공정한 평가 등이 이루어 질 때 학생(부대원)들은 교관에 대한 신뢰감이 높아지고 지도력이 배가(倍加)되어 교육의 효과를 기대할 수 있다.

(라) 수용성(受容性)

교관은 타인의 의견이나 제안을 너그럽게 받아들이고 모든 사태에 쉽게 적응 할 줄 알아야 한다. 비록 자신의 의사와는 맞지 않더라도 개선을 위한 제안이라면 겸허하게 수용할 줄 알아야 하며 미래에 닥쳐올 새로운 문제에 대해서도 적시적절하게 적응 할 줄 아는 수용성이 필요하다.

(마) 협동성(協同性)

집단적 활동이 중시되는 군대에서는 각 구성원간의 협동정신이 더욱 요구되기 때문에 교관과 학생(부대원), 학생(부대원) 상호간의 협동정신은 학업성취에 중요한 요인이 된다. 따라서 교관은 공동의 목표를 위해서 다른 교관과 의견을 교환하고 협조해야 하며 학생들과도 지속적인 대화를 통하여 학습성과 달성에 기여할 수 있어야 한다.

(바) 지도성(指導性)

학생(부대원)의 협동적이거나 건설적인 태도, 창조적이며 활동적 분위기 등은 교관의 지도력에 따라 좌우된다. 이러한 지도성은 풍부한 지식과 경험에 의한 판단력, 통찰력 등이 기반을 이루는 것이다.

이와 같이 인성적 자질이 중요한 또 다른 이유는 교관은 학생(부대원)들에게 또 다른 교육적 측면에서 인생의 안내자이며 선배라는 점에서 전형적(典型的)인 모델이 될 수 있기 때문에 인성적 자질이 중요하며 교관은 이러한 인성적 자질을 계발하기 위한 자기발전 노력을 게을리하면 안 되는 것이다.

다. 교관 자질 향상방법

교수·학습의 성과는 교관의 자질에 따라 좌우된다. 따라서 교관은 보다 좋은 성과를 위해 스스로 자질을 향상시키도록 노력해야 하는데 교관의 자질은 향상시키는 대표적인 방법은 다음과 같다.

- 지속적인 연구 및 발전
- 타 교관 관찰
- 교수 기술 개발

- 건설적인 조언 청취 및 자신의 결함 시정
- 부단한 자기발전 노력

(1) 지속적인 연구 및 발전

교관은 항상 새로운 사실에 대해 탐구적인 의욕을 가지고 끊임 없이 연구 노력해야 한다. 이러한 과정을 통해 교관의 능력은 향상되고 교육내용도 새롭게 발전되어 간다. 항상 연구하고 노력하는 교관만이 존경받고 신뢰받을 수 있다는 점을 명심해야 한다.

(2) 타 교관 관찰

자신의 교수기술을 향상시키고 자질과 능력을 향상시키기 위해서는 타 교관을 관찰하여 자신과 비교분석함으로써 장점은 받아들이고 결함은 시정하도록 해야 한다. 그러나 남의 장점이라도 무조건 받아들이면 모방이 될 수 있으므로 자신에 맞게 소화해야 한다.

(3) 교수 기술 개발

교관은 자신이 아는 지식을 타인에게 전달할 수 있는 좋은 교수기술을 가지고 있어야 “교육의 질”을 높일 수가 있다. 사람마다 특성이 있기 때문에 타인을 무조건 모방하는 것은 바람직하지 않다.

좋은 교육을 위해서는 자신에게 어울리는 좋은 교수기술을 지속적으로 연구, 개발하여 숙달해야 하는 것이다.

(4) 건설적인 조언(助言) 청취 및 자신의 결함시정

자신의 능력과 결점은 스스로 발견하기가 어렵다. 생활습관에 젖어버려 그것이 옳다고 판단하게 되고 자기도취에 빠지기가 쉽기 때문이다. 그래서 상급자나 동료로 하여금 자신의 장점과 단점을 관찰해서 평가해 주도록 도움을 요청하고 그들의 충고를 허심탄회하게 받아들여 자기 향상을 도모해야 한다.

(5) 부단한 자기발전 노력

모든 일의 결과는 꾸준한 노력여하에 달려 있으므로 교육이 끝난 후에는 그날의 교육결과를 분석 평가하여 장점은 계속 보강하고 단점은 시정하여 교관의 자질향상에 지속적인 노력을 해야 한다.

유능한 교관의 특성

유능한 교관의 핵심 특성을 나열해 보면 다음과 같은 특성을 가지고 있다고 한다.

- 학생들을 위한 배려
- 수업 내용에 대한 지식
- 흥미유발
- 학생들에게 충분한 시간의 할애
- 토론의 장려
- 명확하게 설명할 수 있는 능력
- 수업에 대한 열의와 준비

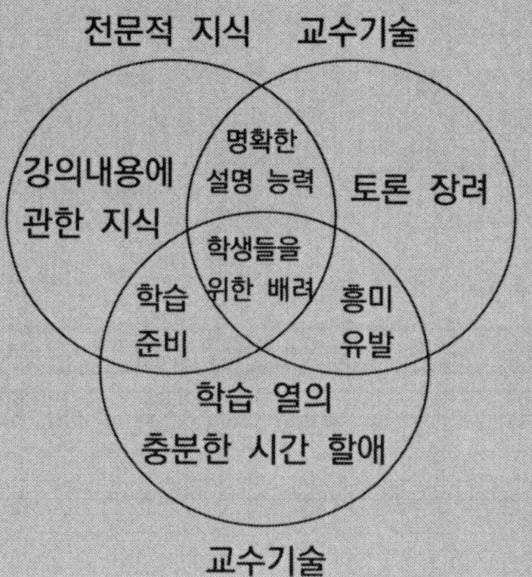

3. 교관의 태도

가. 교관의 태도

교육훈련 현장에서 교관의 태도는 매우 다양하며 상호 복합적인 상관관계를 유지하면서 학생(부대원)의 교육의욕을 촉진시키는 요소로 작용한다. 특히 군대교육에서 교관의 위치는 가르치는 사람으로만 끝나는 것이 아니라 학생(부대원)들에게 인간적인 면에서 영향을 주는 지도자(指導者)의 역할을 수행하므로 교관의 태도는 매우 중요한 요소라 할 수 있다.

나. 교관의 태도 요소

(1) 외모 및 복장

강의장에서 교관의 외모와 복장은 수업 분위기까지 저해하는 요인이 될 수가 있으므로 다음과 같은 사항에 유의해야 한다.

유의할 사항	준수할 사항
• 이상한 머리모양 • 덥수룩한 수염 • 더러운 전투화(구두) • 기타 현란한 부착물 등 ※ 불필요한 시선, 잡념 유발	• 단정하고 말쑥한 용모 (머리, 수염, 구두손질) • 규정된 복장(부착물, 교관복장 등) • 교육내용에 적절한 복장 (야외훈련, 실내교육)

(2) 자세

교관의 자연스럽고 바른 자세는 교육시 부수적인 교육효과를 얻게 되므로 교관은 다음과 같이 자세에 유의하여야 한다.

(가) 강의시 기본자세

- 양발을 어깨넓이 정도로 벌려서 안정감을 유지한다.
- 체중을 양발에 균등하게 유지한 자연스럽고 바른 자세를 유지한다.
- 상황에 따른 적절한 움직임이 효과적이다.

※ 경직된 자세는 교관의 긴장을 가중시킨다.

(나) 강의시 잘못된 자세

- 호주머니에 손을 넣는 행위 (기본자세 불량)
- 팔꿈치를 교탁에 기댄 자세 (기본자세 불량)
- 계속 교안을 보면서 강의를 진행 (자신감 결여)
- 한곳에만 위치하여 강의 (지루함)
- 수시로 위치를 바꾸는 행위 (주의 산만)
- 지시봉으로 부대원을 가리키는 행위 (인격무시)

(다) 교관이 교육시 몸을 움직일 필요가 있는 경우

- 긴장을 풀고자 할 때
- 학생(부대원)들에게 여유를 주고자 할 때
- 학생(부대원)의 주의를 끌고자 할 때
- 지정된 장소의 교육생을 보고자 할 때
- 이야기의 내용이 다음 단계로 전환 될 때
- 교보재 조작을 할 때
- 기타 필요시

(3) 시선

대화시 상대를 마주보면서 하는 것은 상대에 대한 예의이며 친근감을 갖게 하는 요소가 된다. 교육시에도 마찬가지로 교관과 학생(부대원)이 시선을 연결하는 것은 교육 분위기를 조성하는데 매우 중요한 요소가 된다.

시선 활용 방법
• 시선을 연결(접촉)한다. • 시선을 골고루 배분한다. • 강의 내용과 시선을 일치시킨다. • 자연스럽고 정상적인 시선으로 바라본다.

(가) 교관과 학생(부대원)의 시선을 연결(접촉)시킨다.

- 교육생들과의 시선을 연결하면

- 교관과 학생(부대원)의 유대강화와 친근감을 갖게 한다.
- 수업태도의 주의나 경각심을 심어줄 수 있다.

• 메모지만 쳐다본다든가 허공이나 창밖만을 주시하는 태도는 교육생으로부터 외면을 받기 쉽고 수업의 효과가 낮아진다.
※ 교관은 시선연결(접촉)을 통해 교육생들의 반응을 살피고 분위기를 조성해 나가야 한다.

(나) 시선을 골고루 배분한다.

시선을 교육생 전체에게 배분하는 방법은 여러 가지가 있으나 일반적으로 볼 때, 교관으로부터 이탈되기 쉬운 위치에 있는 교육생에게 시선을 자주 줄 필요가 있다. 즉 좌에서 우로, 뒤에서 앞으로 시선을 골고루 배분하여 전체를 장악해야 한다.

(다) 강의 내용과 시선을 일치시킨다.

강의내용에 따라 시선도 따라가야 한다. “높은 산위에 올라”라는 말을 할 때는 시선을 위로 향하게 한다거나 “가”와 “나”라는 두 사람을 예를 들었을 때 “가”를 이야길 할 때는 “가”를 향하고, “나”를 이야길 할 때는 “나”를 바라보면서 말을 한다면 양자를 대비시키는 효과를 가져 올 수 있다.

(라) 자연스럽고 정상적인 시선으로 바라본다.

학생(부대원)을 바라볼 때는 자연스럽게 머리를 돌려서 응시해야 한다.

눈동자만 굴려서 본다면 품위를 잃게 되고 시선을 받는 사람도 좋은 기분을 가질 수가 없다.

(4) 목소리

음성이 좋고 나쁨은 천성적이라고 하지만 이외의 요소는 개인의 노력 여하에 따라 충분히 고칠 수가 있다.

목소리는 자신감이 표출되는 창구로서 교육에 대한 신뢰감을 좌우하는 중요한 요소라 할 수 있다.

(가) 목소리의 크기

교관은 교육환경에 따라 목소리의 크기를 조절할 수 있어야 한다. 목소리의 성취도는 주의환경, 날씨, 교육의 내용 등에 따라 영향을 받는다는 것을 고려해야 한다.

※ 야외나 인원이 많을 경우 교육 시작 전에 맨 끝자리 학생을 향하여 "교관의 말이 잘 들립니까?"라고 확인한다.

(나) 목소리 조절

목소리의 고저, 강약, 장단의 조화는 중요한 청취효과를 가늠하게 된다. 단조로운 강의는 아무리 좋은 내용이라도 생명력을 잃게 되어 지루감이나 졸음을 가져오기 쉽게 된다.

웅변식 강의도 교육간 접촉유지 면에서는 바람직하지 않다.

(다) 강의시 자신감을 잃었을 때는 목소리가 작아지고 떨리게 된다.

다음과 같은 방법으로 강의시 자신감을 유지해 보자.

- 강의도 개인과의 대화와 같다는 점을 인식하라. (대화식 진행)
- 강의시작 1분이 중요하므로 강의시작 첫 부분을 잘 준비하라.
- 강의 전에 입안이 타는 듯 하면 소금을 약간 섭취하거나 심호흡을 하거나 껌을 씹는다(심적 안정을 유지하는 것이 좋다).
- 상황에 따라 유머를 사용하여 교육 분위기를 바꾼다.

(5) 언어

언어는 그 사람의 인품과 직결되며 신뢰와 존경심, 경외감, 비웃음을 유발할 수 있는 중요한 요소이다.

특히 언어는 일회성(一回性)을 지니고 있어 한번 뱉은 말은 다시 주워 담을 수 없으므로 교관은 항상 말을 조심하고 책임 있는 말을 해야 한다. 언어 사용시 주의해야 할 사항은 다음과 같다.

- 교육 목적에 불필요한 내용은 언급하지 않는다.
- 표준어와 군사용어를 사용한다.(정확한 의사소통)
- 불필요한 수식어를 제외하고, 짧고 조리 있게 사용한다.
- 속어(저속한 용어), 은어, 비어, 욕설을 사용하지 않는다.
- 정확한 언어를 사용한다.(단어를 줄이거나 함축 금지)

(가) 교육대상에 따른 바람직한 언어 사용법

- 전체를 대상으로 지칭할 때 『알겠느냐?』, 『너희들은 이점에 주의해야 한다.』, 『주목해!』와 같은 표현보다는 『여기까지 이해할 수 있겠습니까?』와 같은 경어를 사용하는 것이 바람직하다.
- 개인을 지명할 경우에는 『김일병 …에 대하여 대답해 보시겠습니까?』 보다는 『김일병 …에 대하여 대답해 볼까?』 하는 말이 교육생과의 친근감을 더 가질 수 있다.

(6) 습벽(習癖)

습벽은 교관의 불필요한 버릇이나 반복되는 언어, 행동 등을 말한다.

이러한 습벽은 교육시 학생(부대원)에게 나쁜 인상을 주거나 주의를 산만하게 하는 원인이 되므로 주의해야 한다.

습벽의 형태에는 다음과 같이 여러 가지가 있다.

- 강의시 계속해서 에~, 또~ 마~, 자! 등을 반복하는 말
- 고개를 까딱이거나 손을 비비는 행위
- 지시봉을 잡았을 때 손목으로 비틀거나 돌리는 행위

(7) 동작(제스처)

동작은 언어 표현을 보조하여 수업에 활력을 넣어주는 중요한 요소로써 손, 몸짓, 표정 등으로 교육내용을 적절히 표현하는 보조수단이다.

동작은 잘 사용하면 훌륭한 보조수단이 되나 지나치게 사용하면 산만하게 보이는 요인이 될 수 있으므로 다음과 같이 유의해서 사용해야 한다.

자연성	동작은 전체가 자연스럽게 조화를 이루도록 한다. 지나친 긴장은 동작을 딱딱하고 어색하게 한다. ※ 교육시작 전에 몸의 근육을 풀고 긴장을 완화시킨다.
변화성	동작은 새로운 변화가 있어야 한다. 너무 자주 사용해도 효과가 적으며 동일한 동작의 반복은 교육생들에게 권태를 느끼게 한다.
일치성	교관이 설명하고자 하는 내용과 동작은 의미상으로나 시간상으로 일치되어야만 효과가 있다.
융통성	동작은 장소와 대상에 따라서 융통성 있게 조절되어야 하며, 장소와 분위기, 교육생의 수준과 인원에 따라 동작의 모양, 크기, 횟수 등이 달라져야 한다.
생동성	동작은 생동적이고 활기차게 해야 한다. 동작은 교관의 주장과 신념을 강조하는 수단으로 일정한 형태가 없고 사용자에 따라 얼마든지 달라질 수 있다.

(8) 열의와 신념

우수한 교관의 공통점은 교육에 대한 열의와 신념을 가지고 있다는 것이다. 교관의 열의와 신념은 학생(부대원)에게 투사되는 중요한 요소로서 교관의 동작과 목소리도 중요하지만 교관이 항상 열성적인 태도를 할 때 교육에 전념하는 분위기를 조성할 수 있는 것이다.

제3장

교수기술

제3장

교수기술

제1절 교육보조 재료 사용 요령

1. 개요

교육보조 재료란 교육진행에 기여하거나 교육성과를 증진시키는데 도움이 되는 모든 자료(지시봉, 칠판, 괘도, 시청각교재 등)를 말한다.

이러한 교육보조 재료를 사용하는 목적은 다음과 같다.

2. 교육보조재료 사용 목적

- 학생들의 이해력 증진
- 교육성과 증진에 기여
- 교육시간 절약
- 교육에 대한 흥미유지

가. 학생들의 이해력 증진

설명만으로 이해가 어려운 내용을 교육보조 재료를 사용하여 쉽게 이해시킬 수 있다.

나. 교육성과 증진에 기여

동일한 교육을 하더라도 관련 교육보조 재료를 사용함으로써 말로 표현하는 것보다 교육성과는 극대화 될 수 있다.

다. 교육시간 절약

자세한 설명을 하지 않아도 보는 것만으로도 쉽게 이해 할 수 있기 때문에 시간을 절약할 수 있다.

라. 교육에 대한 흥미유지

교관의 설명이 장시간 지속되면 지루함을 느끼게 되어 교육 분위기가 산만해질 수 있다. 그러나 교육보조 재료를 사용하여 교육을 하면 관심과 흥미를 유지시켜 교육이 지루하지 않고 이해를 쉽게 할 수 있다.

3. 교육보조재료 사용요령

- 교육보조 재료의 용도를 학생(부대원)들에게 설명한다.
- 사용하지 않을 때는 덮어 놓는다. (주의력 분산 방지)
- 모든 학생(부대원)이 볼 수 있도록 한다. (크기/위치)
- 교육에 열중해서 가려지지 않도록 한다.
- 조교 운용시는 보조를 맞추어서 활용한다. (사전 충분한 연습)

가. 교육보조 재료의 용도를 설명한다.

교육보조 재료를 처음 사용할 때는 사용하는 목적과 기능 및 부속품 명칭에 대하여 학생(부대원)들에게 설명해주어 학생(부대원)이 임의로 해석하는 것을 방지하고 교육보조재료 자체에 대한 의문점을 해소시켜 주어야 한다.

나. 사용하지 않을 때 덮어 놓는다.

사용한 교육보조 재료를 방치하면 새로운 학습에 학생(부대원)의 주의력이 분산되기 때문에 사용 후에는 덮어 두어 학습에 집중하도록 하여야 한다.

다. 모든 학생(부대원)이 볼 수 있게 해야 한다.

교육보조 재료는 모든 학생(부대원)이 볼 수 있는 곳에 위치 시켜야 한다. 만약 학생(부대원)들이 볼 수 없다면 아무리 잘 만들어도 교육보조 재료로써 가치가 없어지게 되는 것이다.

라. 교육에 열중해서 가려지지 않도록 한다.

교관이 강의중에 교육보조재료 사용에만 몰두하거나 설명 때문에 교육보조 재료를 가려서는 안 된다. 모든 학생(부대원)이 부속품 하나하나를 볼 수 있도록 하여 이해를 돕고 주의를 집중시켜야 하는 것이다.

마. 조교 운용시는 보조를 맞추어서 활용한다.

조교를 활용하는 경우에는 교관이 설명하는 내용에 대해서 조교가 보조를 맞출 수 있도록 사전에 연습을 시켜 숙달시켜야 한다. 조교가 교육보조 재료의 조작 시기를 교관의 설명과 맞지 않으면 주의집중이 잘 되지 않으며 학습 분위기는 산만해실 수밖에 없다.

따라서 사전 충분한 연습으로 사전에 약정된 신호에 따라 시기를 조절하면서 학습 분위기를 조성해 나가야 하는 것이다.

4. 지시봉

지시봉은 교육현장에서 가장 많이 사용되는 교육보조 재료로써 괘도의 내용을 지시하거나 넘길 때, 칠판의 판서내용이나 교육보조 재료의 특정 부분을 지시할 때 사용한다.

가. 지시봉 휴대 요령

지시봉을 휴대할 때에는 바르고 안정된 자세로 휴대하여야 하며 다음과 같이 휴대한다.

① 오른손의 손등이 하늘을 향하도록 하여 지시봉의 하단(검정색)부분의 중앙지점을 감싸 쥔다.

② 왼손은 손등이 아래로 향하도록 하여 지시봉 전체의 3/4이 되는 부분을 감싸 쥔다.

※ 양손의 간격은 어깨 넓이보다 조금 넓게 잡는 것이 좋다.

③ 지시봉의 높이는 지시봉을 잡는 상태에서 교관의 요대 부분까지 자연스럽게 내린다.(수평유지)

※ 지시봉과 몸과의 거리는 주먹하나 정도면 적당하다.

④ 지시봉을 잡은 오른손의 손목이 꺾이거나 팔꿈치를 펴지 않도록 한다.

⑤ 양발은 어깨 넓이 정도로 벌리고 몸의 중심은 양발에 균등하게 한다.

나. 지시봉 사용요령

- 알맞은 크기(길이, 굵기)의 지시봉을 선택한다.
- 지시봉은 사용직전에 휴대한다.
- 지시할 때는 해당문장의 끝 글자의 오른쪽 하단을 지시한다.
- 강조할 부분이나 중요한 명칭, 숫자, 단어는 직접 사용한다.
- 사용이 끝났으면 자연스럽게 세워두고 설명한다.

(1) 알맞은 크기(길이, 굵기)의 지시봉을 선택한다.

강의장의 크기, 교육환경 등을 고려하여 적당한 지시봉을 선택하여야 한다.

(2) 지시봉은 사용직전에 휴대한다.

강의전부터 지시봉을 들고 있으면 산만한 분위기를 조장할 수 있어 교육효과가 감소되기 쉽다.

※ 지시봉을 돌리거나 땅에 기대는 행위를 하기 쉽다

(3) 지시할 때는 해당문장 끝 글자의 오른쪽 하단을 지시한다.

지시봉의 끝은 설명하고자 하는 글자의 오른쪽 하단을 지시한다. 오른쪽 하단을 지시하는 것은 해당 문장을 보라는 약정과 같은 것이다.

(4) 강조할 부분이나 중요한 명칭, 숫자, 단어는 직접 지시한다.

큰 제목은 지시할 필요가 없으나 강조하고자 하는 부분이나 중요한 지명, 숫자, 용어는 직접 지시하는 것이 좋다.

(5) 지시봉 사용이 끝나면 자연스럽게 한쪽에 세워둔다.

지시봉은 장시간 사용하지 않으면서 계속 휴대하고 교육하는 것은 좋지 않다. 왜냐하면 지시봉은 휴대한 상태에서 동작(제스처)을 하기가 곤란하며 지시봉의 본래 의미가 상실되기 때문이다.

5. 교육용 괘도

괘도는 단순한 선이나 기호, 그림 및 문자를 사용하여 어떤 사물의 현상이나 상호관계, 과정, 구조 등에 대한 중요한 요소만을 제시함으로써 학생(부대원)들의 이해를 돕는 시각교재이다.

가. 괘도 사용시 유의사항

- 괘도를 넘겨서 계속 설명할 경우에는 넘기기 전에 다음 장의 제목을 알려주는 것이 좋다.
  - 교관이 괘도를 넘기는 동안 학생(부대원)들이 궁금증을 갖기 때문이다.
- 괘도의 위치는 모두가 잘 보이는 곳에 위치하고 교육시킬 내용은 한 번에 제시하는 것이 좋다.
- 타 교육보조 재료와 병행 사용함으로써 교육효과를 높인다.
- 괘도를 넘길 때는 괘도 하단 1/3지점에 지시봉을 넣고 엄지손가락을 이용하여 살짝 잡아 줌으로써 쉽게 넘길 수 있다.
  ※ 괘도를 넘길 때 지시봉이 괘도 하단에 너무 치우치면 빠지기 쉽고, 너무 깊숙이(1/2이상) 넣으면 잘 넘어가지 않게 되어 교육진행시 산만한 영향을 줄 수 있다.

나. 괘도의 구비요소

- 주제는 간단명료해야 한다.

- 알아보기 쉽고 이해하기 쉬워야 한다.
- 취급이 용이하고, 크기는 적당해야 한다.
- 교육내용이나 방법에 적합해야 한다.

다. 괘도 작성요령

- 하나의 제목에 1~2개의 소제목을 사용하는 것이 효과적이다.
- 소제목에 대한 설명문은 5~10줄이 적당하며 하나의 설명문은 5~10개의 단어를 사용한다.
- 제목, 항목 등은 글씨를 크게 쓰는 것이 효과적이다.
  - 글씨를 동일한 크기로 기록하게 되면 강약의 의미가 분명하지 않고 읽기가 어렵기 때문이다.
- 한 항목단위로 작성해야 하며 단어와 단어 사이에는 조화가 이루어져 있다.
- 글씨는 색연필, 매직펜 등 적절한 도구를 사용하여 간결하게 표현한다.
- 강조하려고 하는 내용이나 중요한 내용은 적색이나 청색 등을 사용해서 쉽게 눈에 뛰게 한다.
- 전지규격의 괘도를 사용할 때는 글씨를 쓰기 전에 도구나 도안을 사전에 검토하여 글자규격의 모형을 구상한다.

6. 칠판

칠판은 교실교육이나 야외교육 등 어느 장소이든지 가장 많이 사용되는 교육보조 재료로 고정식과 이동식으로 구분된다. 특히 강의의 요점이나, 문제 등을 제시하고 설명할 때 용이하고 토의결과를 요약 정리할 때에도 많이 이용하고 있다.

가. 칠판 사용 전 확인 사항

- 사용할 비품을 사전에 점검하여 정위치 한다.
- 반사광선을 고려한다.
- 불필요한 내용은 삭제한다.
- 판서할 내용을 사전에 면밀하게 구상한다.

(1) 사용할 비품을 사전에 점검하여 정위치 시킨다.

강의 시작 전에 각종 색깔의 분필, 지우개 및 기타 비품이 준비 되었는가를 확인한다.

(2) 반사광선이 생기는가를 점검한다.

반사광선이 생기면 칠판에 기재된 내용이 잘 보이지 않으므로 실내는 창문 가리개를, 실외는 그늘진 곳으로 이동하여 광선을 차단시켜야 한다. 반면에 실내가 어두울 때는 전등을 켜서 밝게 하여 글씨가 잘 보일 수 있도록 해야 한다.

(3) 불필요한 내용은 깨끗하게 지운다.

교육전에 칠판의 상태가 깨끗해야 학생(부대원)들의 시선이 산만하게 되지 않고 교육에 집중할 수 있다.

판서 후에도 주요내용을 제외한 기타사항은 지운다.

(4) 판서할 내용에 대해 사전에 면밀하게 구상한다.

판서시에도 두서(頭緖)없이 하는 것이 아니라 핵심요소만을 사전 구상하여야 한다.

나. 올바른 판서(板書) 방법

- 글씨는 크고 정확하게 쓴다.
- 글씨는 정자체로 쓰되 필순과 띄어쓰기 등에 유의
- 판서시 항목을 나타내는 부호를 일치
- 중요한 내용은 색분필을 사용
- 판서의 양은 적절하게 한다.

(1) 판서시 글씨는 크고 정확하게 쓴다.

칠판 글씨가 너무 작거나 흘려 쓸 경우에는 뒤쪽에 앉은 학생(부대원)들이 못 알아봐서 학습에 지장을 줄 수 있다.

(2) 판서는 정자체로 쓰되 필순과 띄어쓰기에 유의한다.

판서는 모든 사람이 알아볼 수 있어야 하며, 학생(부대원)중에는 판서자의 글씨체를 모방하는 학생(부대원)들이 있으므로 필순과 띄어쓰기가 정확해야 하는 것이다.

(3) 판서시 항목을 나타내는 부호는 일치시킨다.

기록하는 항목 부호가 교관에 따라 다르면 학생(부대원)들의 학습에 혼란을 줄 수 있다. 따라서 판서시에도 공통된 항목 부호를 사용하는 것이 좋다.

(4) 중요한 내용은 색분필을 사용한다.

교육시간에 판서해 놓은 내용을 전부 기억한다는 것은 쉬운 일이 아니다. 따라서 판서 내용 중 가장 중요한 핵심요소를 색분필로 표시함으로써 학생(부대원)의 교육효과를 높일 수 있다.

(5) 판서의 양은 적절하게 한다.

많은 양을 판서하는 것은 교육효과 면에서 좋지 않다. 가능하면, 중요한 내용만을 선정하여 판서하는 것이 학습 집중도에서 좋다.

다. 판서계획을 세우는 요령

(1) 판서할 내용과 양을 사전에 결정한다.

판서의 내용이 많으면 교육의 효과는 떨어질 수밖에 없다.
따라서 판서내용이 너무 많지 않도록 핵심요소만을 선정한다.

(2) 판서할 위치를 정한다.

판서하기 전에 판서 위치를 개략적으로 설정한다.

(3) 강조할 부분을 어떻게 처리할 것인가를 구상한다.

핵심내용을 강조하는 방법에는 글씨크기의 조정, 색분필 활용(글씨쓰기, 밑줄긋기, 기호표시 등) 등이 있다.

라. 칠판 사용시 유의할 사항

- 판서시 교관의 등을 보이지 않는다.
  - 판서하면서도 교관은 학생(부대원)들의 학습태도를 관찰할 수 있도록 학생(부대원)들을 바라보면서 판서한다.
- 칠판을 두들기지 말아야 한다.
  - 강조할 경우 가급적 색분필을 사용하여 집중도를 높인다.
- 지울 때는 가능한 상 ⇒ 하로 사용한다.
  - 좌우로 지울 경우 분필가루가 많이 날려 교육 분위기는 물론 건강에도 해롭기 때문이다.
- 판서가 교관의 독점물이 되지 않도록 한다.
  - 판서는 꼭 필요한 내용을 설명할 때나 이해를 돕기 위해 사용되므로 교관이 판서에만 치우쳐서는 안 된다.
    판서내용을 교관만이 알고 있거나 학생(부대원)들이 이해하기 전에 지워버리면 교육효과는 기대할 수가 없다.

7. 실물, 표본, 모형 및 사판

가. 정 의

(1) 실물

실물은 가장 효과적인 교육보조 재료이다. 하지만 사용 장소, 실물의 크기, 비용 등 제한적 요소가 많기 때문에 어려움이 많다.

(2) 표본

표본은 실물 그대로의 모습을 유지하면서 학습의 편의를 위해 가공되고 분류된 것이다. 표본은 실물장비와 흡사하기 때문에 구체적으로 직접적인 경험을 줄 수 있는 장점이 있다.

(3) 모형

모형은 실제장비를 입체적이고 축소된 형태로 제작하였으므로 실물의 보충이나 대체품으로 사용된다.

(4) 실물크기의 모형

실물크기의 모형은 장비를 대행하기 위하여 사용된다. 합판이나 두꺼운 천으로 실물의 윤곽표적이나 입체표적을 움직일 수 있도록 제작할 수 있다.

(5) 사판

사판은 지형을 대신하기 위한 교육보조 재료로 사용된다.

사판은 진흙판 위에 스케치를 하는 것으로 정교한 사판과 복잡한 지형모형에 이르기까지 다양한 종류가 있다.

학생(부대원)들에게 전투기술을 훈련시키고 실습을 하는데 효과적으로 사용된다.

나. 실물, 표본의 특성

(1) 실물이나 표본은 그 자체가 사실을 나타내는 것이다.

실물이나 표본은 형상 그대로 시간적, 공간적으로 경험할 수 없는 부분과 요소들을 그대로 보여주어 학생(부대원)들이 쉽게 이해할 수 있다.

(2) 실물이나 표본은 자연스럽게 관찰이 가능하다.

한번 사용하였던 것이라도 현장에 그대로 전시하면 휴식시간을 이용하여 학생(부대원) 각자가 관찰을 통해 미흡한 분야를 보완 할 수 있는 장점이 있다.

다. 모형의 특성

- 학생들에게 제시하고자 하는 실물양상을 보여준다.
- 실물의 구조와 기능을 효과적으로 제시해준다.
- 조작과정을 통해 실물과 동작원리를 이해시킬 수 있다.

※ 처음 접하는 모형의 경우 실물이 아니라는 점을 인식시켜야 한다.

8. 상황판

가. 상황판이란?

상황판은 기본판 위에 보조물을 붙이거나 도식하여 제시하는 교육보조 재료이다. 이러한 상황판은 주로 전술 훈련시 사용되나 교육과정에서도 교육내용에 따라 다양하게 사용되고 있다.

나. 상황판 활용절차

- 주제를 설정한다.
- 자료의 제작과 준비를 한다.
- 자료를 제시한다.
- 연습기회를 부여한다.
- 평가 및 강평을 한다.

(1) 주제를 설정한다.

교관이 의도하는 바를 실현시킬 수 있는 주제를 설정하여 그 주제의 구체적인 목표를 결정하고 전개방법과 활동을 미리 구상한다.

(2) 자료의 제작과 준비를 한다.

주제 설정에 의해 계획을 세우고 보조물을 제작해야 하며 자료 제작이 완료되면 할당된 시간 내에 충분히 제시할 수 있는가 여부를 검토하여 사전에 예행연습을 한다. 또한 사용하기 직전에 주제의 목적과 중요성, 효과여부를 설명해 준다.

(3) 자료를 제시한다.

자료 제시는 학생(부대원)들에게 흥미를 유발시키기 위해서 적극적으로 제시되어야 하며 특히 각 단계의 주요내용이 나타날 수 있도록 하고 필요시에 필기할 시간을 준다.

(4) 연습기회를 부여한다.

자료의 제시단계에서 학생(부대원)들이 얻은 지식이나 경험을 직접 적용하여 문제를 해결하도록 유도한다. 이러한 연습기회는 학생(부대원)들 스스로가 만족감이나 성취감을 느끼기 때문에 성공적인 학습이 이루어질 수 있다.

(5) 평가 및 강평을 한다.

제시된 자료에 대한 교육효과를 시험이나 질의응답을 통하여 확인해 본다.

다. 상황판 활용시 유의할 사항

- 사용할 자료를 제시할 순서대로 정리한다.
- 한 번에 많은 종류를 제시하지 말아야 한다.
- 너무 장시간 현장에 방치하지 않는다.
- 보조물을 기본판에서 제거할 때 반복적인 설명을 해준다.
- 적시 적절한 방법으로 사용한다.

9. 교육용 영화 / VCR

가. 교육용 영화 / VCR

교육용 영화 및 VCR은 시청각 효과를 최대로 발휘하기 위하여 다양한 내용을 실전감 있게 수록함으로써 흥미 유지 및 예증이나 시범의 효과를 나타낼 수 있는 교육보조 재료이다.

나. 교육용 영화 / VCR의 특성

- 원인 ⇒ 과정 ⇒ 결과라는 일련의 변화하고 있는 과정을 동영상으로 가장 현실적으로 표현할 수 있다는 장점이 있다.
- 학습내용의 특성상 시간적인 요소를 중요시할 경우에 촬영기법을 활용하여 눈으로 시간변화에 따른 상태변화를 알기 쉽게 제시할 수 있다.
- 사물을 확대하거나 축소할 수 있어 교관에 의한 구두설명의 한계를 극복할 수 있다.
- 실내에서도 야전실상을 현장감 있게 표현하여 교육효과를 증진시킨다.
- 현실을 재구성하여 정확한 활동 절차를 숙달하는데 용이하다.
- 학생(부대원)들의 주의를 집중 시키는데 효과적이다.

다. 교육용 영화 / VCR 사용절차

① 사전시사 및 내용 검토 (불필요 내용은 삭제하고 필요 부분만 발췌)
② 장비의 가동상태 점검(사전 확인으로 교육 중 시간낭비가 없도록)
③ 실내의 조명상태 확인(화면을 잘 볼 수 있도록 조도 조절)
④ 상영직전에 전반적인 내용을 소개(상영이유, 교육목적, 과목과 연관성 등을 사전에 강조한다.)
⑤ 상영 실시
⑥ 상영 후에는 청취 소감이나 문제점을 토의하여 교육내용의 중요성을 재인식 한다.

10. 기타 교육 보조 재료

가. 사진, 그림

적 장비나 물자, 사고사례 등은 구두설명이나 판서만으로는 불충분 할 때가 있다. 이럴 경우에는 의도적으로 수집된 사진이나 그림을 보여주어 이해를 쉽게 해 준다.

나. 프레젠테이션(Presentation)

컴퓨터를 활용하여 흥미를 유발시키고 보다 쉽게 이해시킬 수 있는 교육보조수단이다. 이러한 프레젠테이션은 다양한 화면디자인이 가능하고 외부자료(소리, 영상, 차트 등)를 보다 쉽게 활용할 수 있다는 장점을 가지고 있다.

※ 구성요소: 컴퓨터, 빔 프로젝트, 스크린, 프로그램 등

다. 도표식 교육보조 재료

도해, 그래프, 스케치, 만화식 그림지도, 조감도 등이 있으며 이러한 교육보조 재료는 모형 또는 실제장비와 같이 교육시 활용하면 교육효과를 더욱 높일 수 있다.

예) 장비의 엔진부분에 대한 기계작용, 환경관리 설명 등에 사용

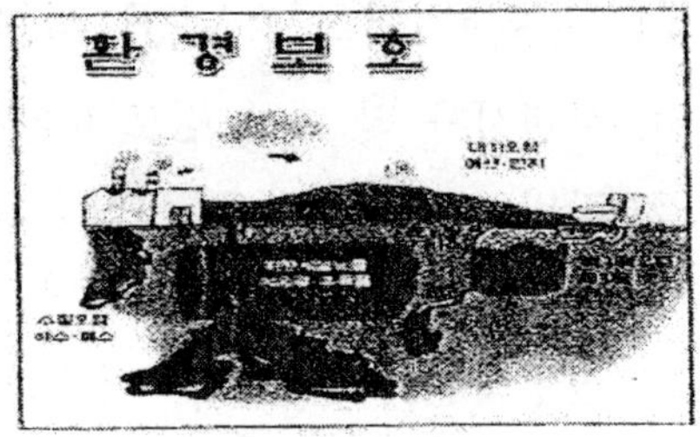

환경보호 순환도

라. 레이저 포인터

레이저 포인터의 사용은 기본적으로 지시봉 사용요령과 같이 한다. 그러나 레이저 포인터는 지시봉과 근본적으로 차이점이 있기 때문에 빛의 흔들림 및 과다사용은 산만함을 주므로 주의하여야 한다.

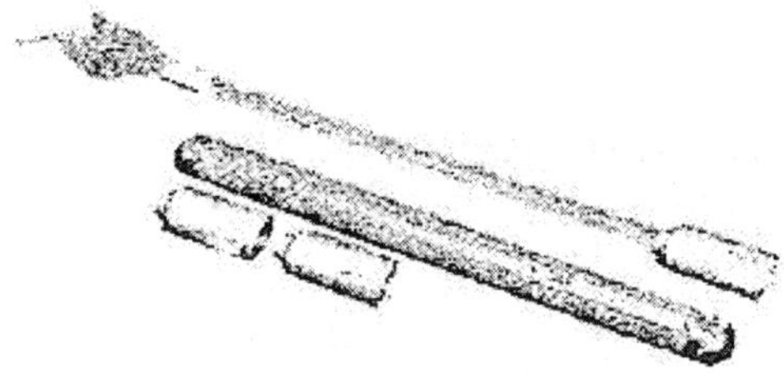

※ 빛의 흔들림은 긴장감이 많을수록 더욱 심해지기 때문에 강의시 긴장감을 해소하는 것이 좋다.

제2절 언어 표현기술

1. 개 요

언어 표현기술이란 교관이 알고 있는 지식과 생각을 명확하게 논리적으로 교육생들에게 전달하는 기술을 말한다.

2. 언어 표현 향상 방법

교관이 아무리 풍부한 지식을 갖고 있어도 표현력이 부족하여 교육을 제대로 못한다면 교육성과를 기대할 수 없다. 따라서 교관은 언어표현을 향상시킬 수 있도

록 부단히 노력을 해야 한다. 언어표현 향상 방법은 다음과 같다.

- 접촉유지
- 감정조절
- 쉽게 이해시킴
- 적절한 유머사용

가. 접촉유지

접촉이란 교관의 설명에 대해서 잡념을 가지지 않고 관심있게 들으려는 마음의 상태를 말한다. 접촉을 유지하기 위한 구체적은 방법은 다음과 같다.

- 학생(부대원)의 주의를 집중시킨다.
- 학생(부대원)과 시선접촉(연결)을 유지한다.
- 대화의 어조를 사용한다.
- 주목하게 한다.

(1) 학생(부대원)의 주의를 집중시킨다.

주의를 집중시키기 위한 방법은, 수사적 질문을 통해 공감대를 형성하거나, 유머나 경험담을 이용하여 관심을 끌거나, 사물이나 참고물을 이용하여 흥미를 유발시키는 등 다양한 방법이 있다.

(2) 학생(부대원)과 시선접촉(연결)을 유지한다.

시선을 유지하는 것은 학생(부대원)들과 무언(無言)의 교감(交感)을 갖는 것과도 같다. 따라서 교관이 교육간에도 시선접촉을 유지하면서 교육하면 학생(부대원)들과 친밀감을 갖게 된다.

(3) 대화의 어조를 사용한다.

교육생들이 이해하기 쉽고 의사소통이 이루어지도록 평소에 주고받는 대화식으로 진행해야 한다. 만약에 냉정한 어투로 원고를 낭독하거나 연설하듯이 설명한다면 지루함을 느끼거나 정감이 없어지게 된다.

(4) 주목하게 한다.

주목하지 않거나 산만해진 주의력을 집중시키기 위해서는 "주목 하십시오"하는 등의 지시형 어투나 질문을 실시하여 경각심을 주어야 한다.

나. 감정조절

처음으로 강의를 할 경우에는 얼굴이 붉어지거나 가슴과 다리가 떨리는 등 단상공포증(신경과민)에 걸리기가 쉬운데, 이러한 현상을 스스로 극복하지 못하면 교육을 진행할 수 없게 된다.

단상공포증을 극복하는 대표적인 방법은 다음과 같다.

- 철저한 교육준비를 한다.
- 적절한 심적 태도를 유지한다.
- 과거의 내용과 연계시킨다.
- 흥미 있고 침착하게 진행한다.
- 강의의 요점을 염두에 둔다.

(1) 철저한 교육준비를 한다.

교육내용에 대하여 사전에 충분한 이해와 부단한 강의 연습을 통해 자신감을 갖고 단상공포증을 극복할 수 있다.

(2) 적절한 심적 태도를 유지한다.

교육생들 앞에서 교관 스스로 긴장을 하게 되면 오히려 신경과민 현상이 심화되기 때문에 교육 시작 전에 심호흡, 껌이나 물, 손바닥 마사지, 자기암시 등의 방법으로 마음을 진정시키고 여유로움을 가져야 하며, 교육시에는 적절한 움직임과 유머나 대화식 기법 등을 통해 긴장을 해소해야 한다.

(3) 과거의 내용과 연계 시킨다.

과거에 교육시켰던 내용을 연관시키면서 설명하면 교관의 수업진행이 용이하고 마음이 편해진다. 또한 학생들은 이미 배운 내용을 기초로 설명을 듣기 때문에 이해하기 쉽다.

(4) 흥미 있고 침착하게 진행한다.

설명하고자 하는 내용과 연관된 유머나, 시사적인 뉴스 등 흥미 있는 소재를 이용하여 침착하게 진행하게 되면 긴장상태를 완화시킬 수 있다.

(5) 강의의 요점을 염두에 둔다.

강의개요를 체계 있게 구상하여 요점을 염두에 두고 내용을 연결시켜 설명한다면 자신 있게 강의를 할 수 있다.

다. 쉽게 이해시킴

교육내용이 아무리 좋아도 학생(부대원)에게 잘 전달이 되지 않으면 교육의 성과를 달성하기는 어렵다. 따라서 교관은 교육내용을 보다 쉽게 이해시키도록 하여야 하는데 쉽게 이해시키는 대표적인 방법은 다음과 같다.

- 수준에 맞는 언어를 사용한다.
- 쉽고 짧게 문장을 구성한다.
- 말의 속도를 조절한다.
- 적절한 구절을 활용한다.
- 언변과 사고의 능력을 갖춘다.

(1) 수준에 맞는 언어를 사용한다.

언어는 학생(부대원)들의 지식수준에 따라서 충분히 알아들을 수 있는 말을 사용해야 한다. 교관의 지식전달 수단은 언어이기 때문에 쉬운 말로 강의해야만 학생들이 쉽게 배우고 익히게 되므로 공통적인 언어나 군사용어를 사용한다.

(2) 쉽고 짧게 문장을 구성한다.

교관은 교육생들을 쉽게 이해시키기 위해서 문장을 조리 있게 구성해야 하며, 가급적이면 짧은 문장을 사용하고 불필요한 수식어나 장황한 문장은 삼가야 한다.

(3) 말의 속도를 조절한다.

말의 속도가 너무 빠르면 이해하기 곤란하고 너무 느리면 생명력이 없어 보이므로 강의시에는 평상시에 대화하는 속도로 하며 말의 속도는 분당 240~260자로 한다.

(4) 적절한 구절(句節)을 활용한다.

구절은 말의 강·약과 문장의 띄어씀을 말하는데, 지명이나 이름 등은 강하게 띄어서 말하는 것이 이해하기가 용이하다.

(5) 언변(言辯)과 사고(思考)의 능력을 갖춘다.

언변과 사고란, 말을 하면서도 생각하고 생각한 바를 표현하는 능력을 말한다. 예를 들면 흥미가 있을 것으로 알고 이야기를 시작했는데 의외로 반응이 없다면 끝을 맺어야 하고, 반대로 재미가 있는 경우라면 계획된 시간보다 더 연장해서 할 수 있는 능력을 말한다.

라. 적절한 유머사용

"인간만이 소리 내어 웃을 수 있는 유일한 동물"이라는 말이 있다. 이는 웃음이 인간의 언어활동에 차지하는 비중이 대단히 높다는 것을 역설적으로 표현한 것이라고 본다. 피동적인 학생(부대원)들을 상대로 하는 교육에 있어서 졸지 않게 하는 것도 교관의 능력이며 그 기법 중 가장 유용한 것이 유머의 활용이다.

(1) 유머 사용의 원칙

- 유머는 간단하고 빨리 끝낸다.
  - 유머를 지루하게 하거나 같은 이야기를 반복시 효과가 감소된다.

- 서투른 유머는 하지 않는다.
  - 서투른 유머는 교관의 품위 손상과 천박하게 보일 수 있다.

- 무리하게 웃기려 하지 않는다.
  - 주제와 관련 없는 유머는 주제의 핵심을 잃게 하는 요인이 된다.
  - 유머 실시 후에 웃지 않는 경우엔 어색한 분위기가 된다.

- 교육생 수준을 고려한 소재를 선택한다.
  - 같은 유머라도 신분, 학력, 경험 등에 따라 웃을 수도 있고 화를 낼 수도 있음을 명심하여 소재를 선택한다.

- 미리 예고하지 않는다.
  - 재미있는 이야기도 미리 알려주면 효과는 감소한다.

- 수준이 낮은 유머 사용은 지양해야 한다.
  - 독설이나 추문(스캔들)의 폭로, 인신공격성 표현 등은 순간적인 웃음을 자아내지만 장기적으로 볼 때 역효과가 난다.

(2) 유머의 활용

- 자기의 실패담을 소재로 한다.
- 기발한 소재를 사용한다.
- 습관적인 사고방식을 배제한다.
- 학생(부대원)중의 한 사람을 화제로 삼는다.
- 간단한 소재는 임기응변식으로 처리한다.

(가) 자기의 실패담을 소재로 한다.

교관이 자기의 실패담을 노골적으로 이야기 하면 학생들은 "교관도 그런 실수를 할 수 있는가?"하는 의아함과 더불어 인간적인 친밀감을 느끼게 되고, "나 같으면 그런 실수를 하지 않았을 텐데"하며 일종의 자부심을 가지게 되어 즐거움을 느낀다.

(나) 기발한 소재를 사용한다.

예상을 뒤엎는 뜻밖의 결과를 가져오는 이야기나 평범한 사실의 기상천외한 해석은 학생들의 웃음을 자아낼 수 있다.

"여기 이 광고문안을 보세요. 용변을 본 후 뒤를 깨끗이 하지 않으면 기분이 불쾌해져서 불친절해진다고 했습니다. 이 말을 바꾸면 무엇이 됩니까? 불친절한 사람은 항문이 더러워서 그렇다는 이야기 아닙니까?" (폭소)

(다) 습관적인 사고방식을 배제한다.

관습적이고 상식적인 사고의 틀에서 벗어나, 예외적인 표현을 하게 되면 교육생들은 기울여 들으려 할 것이다.

즉 "동문서답" 하는 경우이다.

(라) 학생(부대원) 중의 한 사람을 화제로 삼는다.

교육생들 중에 교관과의 인간관계가 두터워 어떠한 이야기도 가능한 사람이 있거나, 가까이 앉아 있는 학생을 대상으로 화제를 삼을 수 있다. 이때 유의해야 할 것은 오해 소지가 없도록 해야 한다.

(마) 간단한 소재는 임기응변식으로 처리한다.

즐거운 이야기를 하면서 심각한 표정을 짓는다거나, 장황하게 설명하거나, 깊이 생각해야만 그 의미를 파악할 수 있도록 해서는 안 된다.

(3) 유머의 표현방법

- 어떤 사실을 과장되게 표현한다.
- 두 가지 의미를 갖는 어휘를 구사하거나, 동음이의어(同音異議語)를 반대로 사용한다.
- 풍자나 해학적인 표현을 한다.
- 반대되거나 대조적인 의미를 암시한다.
- 역설적인 표현이나 방언, 음성표현을 모방한다.

(4) 유머의 역기능

- 지나친 유머의 사용은 교육의 수준을 평가절하하게 할 우려와 교육을 코미디화 할 위험성이 있다.
- 유머로 인해 교관의 신뢰성과 권위를 떨어뜨릴 위험이 있다.
- 유머 남발시 교육을 받는 순간에는 인상적일 수 있으나 교육 후 남는 게 없는, 즉 알맹이가 없는 교육이 되기 쉽다.
- 교육생 수준에 비해 유머의 수준이 현저히 낮으면 저질이라는 인상을 줄 수

있으므로 조심해야 한다.

※ 도구도 잘 사용해야 좋은 물건을 만들듯이, 유머도 교육에 맞게 잘 활용할 때 좋은 교수 기술의 요소가 된다.

3. SALES (판매)기법 실천

가. S는 Self-confidence (자신감)의 머리글자다.

나. A는 Appearance (용모)의 머리글자다.

다. L는 Listening (경청)의 머리글자다.

라. E는 Enthusiasm (열성)의 머리글자다.

마. S는 Service (봉사)의 머리글자다.

4. 교관의 등단(登壇)자세

가. 등단 이전의 준비자세

① 간단한 단전호흡

② 대상을 확인하고 말할 내용을 정리한 후,

③ 평온하고 안정된 자세로 적당히 긴장한다.

나. 등단할 때의 자세

① 여유 있고 자연스러운 자세로

② 밝고 당당한 표정으로 등단한다.

③ 보통 걸음으로 정중하게 등단한다.

④ 내빈께 존경하는 마음으로 인사한다.

다. 등단 후 자세

① 자연스럽게 마이크 조절한다.

② 마이크에서 입의 거리는 약 5~10cm 정도 유지

③ 양발은 어깨 넓이 정도로 벌리는 것이 좋다.

④ 양손은 가볍게 연단위에 놓는 것을 원칙으로 한다.

라. 강의할 시의 자세

① 청중에게 시선을 안배한다.

② 밝은 표정을 짓고 자신감을 지닌 자세

③ 제스처는 자연스럽고 변화가 있고 일치된 자세

제3절 질문 및 답변기술

1. 개요

질문이란 학생들의 교육내용에 대한 이해여부를 파악하기 위해 실시하며 교수기술에서 생명이며 교관의 무기라 할 수 있다.

2. 질문의 효과

- 학습에 대한 흥미 유지와 학습 분위기 조성이 가능하다.
  - 학생(부대원)은 대부분 교관이 문제를 제시하고 학생(부대원)이 답변하거나, 토의하는 것에 대해 흥미를 가지고 있다.

- 교육방법이 적합한지를 확인할 수 있다.
  - 학생(부대원)이 답변을 하지 못할 경우 교육방법을 수정하여 재교육을 실시해야 한다.

- 배우려는 의욕을 자극할 수 있다.
  - 질문에 대한 답변을 못했을 경우에는, 수치심과 또 다른 배움의 욕구를 느끼게 된다.

3. 질문의 형태

가. 전체질문

전체 질문은 어떤 특정인을 지적하지 않고 모든 참가자에게 던져지는 질문형태이며, 교육생들에게 자극을 주어 사고하고 답변하도록 하는 질문형태이다.

전체질문 시기

- 전체 교육생들의 주의를 집중시켜 사고력을 자극하고자 할 때
- 교육생들의 자율적인 의견을 발표하도록 유도하는 경우
- 자유로운 분위기에서 많은 학생들이 발표에 참가 하도록 할 때
- 토론이 소수인에게 독점되는 것을 방지하기 위해서
- 좋은 의견을 참가자 전원으로부터 얻기 위할 때
- 토론의 시작과 토론의 종결을 위해서

나. 직접질문

직접질문은 어떤 특정인에게 대답을 시키고자 할 때, 개인을 지명하여 실시하는 질문형태이다. 직접질문시 지적받지 않는 학생(부대원)들은 소극적으로 참여하기 쉽기 때문에 유념해야 한다.

직접질문 시기

- 학습에 관심을 기울이지 않는 학생(부대원)의 주의를 환기시키고자 할 때
- 주제와 관련이 없는 발언을 통제하고자 할 때
- 침묵을 지키고 있는 교육생의 의견을 듣고 싶을 때
- 어느 특정분야의 전문적인 의견을 청취할 필요가 있을 때
- 토론의 범위를 균등화시키고 싶을 때

다. 반대질문

반대질문은 교관이 학생(부대원)들로부터 질문을 받았을 때 답변을 하는 대신에

질문한 사람에게 되묻는 질문의 형식이다. 반대질문은 학생(부대원)들이 고의적으로 교관을 시험하려 하거나 골탕을 먹이려 할 때에 임기응변식으로 잘 활용하면 좋은 성과를 거둘 수가 있다.

라. 중계질문

중계질문은 교육생들이 질문을 하였을 때 교관이 직접 답변하지 않고 제3자에게 그 질문을 다시 되돌려 "거기에 대해서 어떻게 생각하십니까?" 하는 식으로 중계해 나가는 질문형식이다. 중계질문은 수업 분위기에 활력을 넣어주며 학생의 사고능력을 자극시켜 준다.(토의식 교수방법에서 많이 활용)

4. 질문의 방법

가. 질문 절차

문제제시 → 시간부여 → 지 명 → 강 평

(1) 문제제시

질문은 특정한 학생을 지명하기에 앞서 모든 학생을 대상으로 해야 한다. 특정인에게만 지명을 했을 경우에는 나머지 학생들은 질문에 대한 관심도가 낮아지기 때문에, 문제제시를 먼저 함으로써 전원이 답변하도록 유도해야 한다.

(2) 시간부여

교관이 질문한 내용을 교육생들이 조리 있게 답변할 수 있도록 정리할 수 있게 시간적 여유를 주어야 한다. 부여하는 시간은 교관이 질문 내용을 마음속으로 3회 정도 반복하는 시간이면 적당하다.

(3) 지명

교관이 지명할 때는 일정한 순서나 특정인원에 대한 지명보다 골고루 실시하는 것이 바람직하며, 즉시에 답변을 얻어낼 수 있도록 지명하는 것이 학습 분위기를 긍정적으로 조성하는 데 효과적이다.

(4) 강평

교육생들이 답변한 내용을 평가하고 격려하기 위하여 강평을 실시하며 답변내용을 전원에게 알려주어야 한다. 답변을 잘 했을 때는 칭찬을 해주고 내용이 부족하거나 부적절한 경우라도 친절하게 보충설명을 해준다.

나. 질문 요령

- 답변 가능한 질문을 한다.
- 명확한 목적을 가지고 질문한다.
- 정확한 답변을 요구한다.
- 한 번에 한 가지씩 질문한다.

(1) 답변 가능한 질문을 한다.

교육생들의 예습상태나 수업 후에 인지상태, 현 수준을 파악하기 위하여 교관이 질문을 하게 된다. 따라서 수업과 전혀 관련이 없거나 학생(부대원)의 수준을 고려하지 않은 질문을 하여 학생들이 답변하지 못하는 일이 없도록 해야 한다.

(2) 명확한 목적을 가지고 질문한다.

질문할 때는 교육생들이 쉽게 이해할 수 있도록 명확한 목적을 가지고 질문을 하고 답변을 요구해야 한다.

(3) 정확한 답변을 요구한다.

질문에 대한 요지를 잘 모르거나 자신감이 없어 답변을 못할 경우라도 암시를 주어 답변을 유도하도록 하며, 답변자가 다른 학생(부대원)들에게 창피당하는 일이 없도록 세심한 배려를 해야 한다.

(4) 한 번에 한 가지씩 질문한다.

질문을 할 때 동시에 여러 가지를 하게 되면 알고 있는 내용이라도 명확한 답변을 할 수가 없게 된다. 한 가지씩 질문을 하여 답변을 들은 다음, 재차 질문하는 방식을 취한다.

다. 좋은 질문 습관

- 학습목표와 결부된 뚜렷한 목적이 있어야 한다.
- 학생(부대원)의 수준에 맞는 질문을 한다.
  - 너무 쉬운 질문(지루함 조성), 너무 어려운 질문(불안 조성)

- 학생(부대원)과 관련이 있는 질문을 하라.
  - 학생(부대원)의 경험이나 생활과 관계가 있는 질문 준비

- 계열적인 질문을 하라
  - 질문과 답변은 다음 단계의 질문의 기초가 될 수 있도록 질문

- 단편적 질문보다는 연속적인 질문을 하라.
  - 체계적인 사고력을 길러줄 수 있다.

5. 질문에 답변하는 방법

질문이 교관의 무기라고 하지만 교관도 학생(부대원)으로부터 질문을 받는 경우가 있다. 질문을 받았을 경우 교관은 당황하지 말고 다음과 같은 방법으로 질문에

답변을 해주어야 한다.

- 질문의 요지를 명확하게 파악한다.
- 적절한 답변방식과 절차를 생각해야 한다.
- 충분한 설명이 되었는가를 확인한다.

가. 질문의 요지를 명확하게 파악한다.

학생(부대원)들이 교관의 질문내용에 잘못된 점을 제기했을 때에 문제점이 있는지 여부를 분석해보고, 잘못된 점이 있으면 즉시 시정하고 학생(부대원)들의 조언을 건설적으로 받아들인다.

나. 적절한 답변방식과 절차를 생각해야 한다.

질문을 받게 되면 임기응변식으로 바로 반응을 보일 것이 아니라, 아래와 같은 방법으로 적절한 답변방식을 판단하여야 한다.

- 정의로 설명할 것인가?
- 유추해석을 할 것인가?
- 기 설명한 내용을 재진술할 것인가?
- 도표로 설명할 것인가?

다. 충분한 설명이 되었는가를 확인한다.

질문에 대한 답변이 충분하지 못했다면 교관이나 학생 모두가 불만족스럽다. 따라서 질문자에게 이해여부를 확인한 후, 불충분하였다면 자세하게 재설명해주고 이해여부를 재확인한다.

6. 질문에 답변시 유의 사항

- 어떤 종류의 질문이라도 받아들인다.
- 질문에 대해 강하게 반문하지 않는다.
- 질문자를 몰아세우지 않는다.
- 질의응답은 논쟁과는 다르다.
- 당황하지 않는다.

제4절 프레젠테이션기술

이 장에서는 국가능력표준(NCS: National Competency Standard) 기반의 다양한 교육방법을 구현하기 위한 교수기법의 실제에 대하여 살펴본다. NCS 기반의 수업에서 학습성과는 학습자 자신이 직접 교수활동에 참가했을 때 높게 얻을 수 있다.

1. 교수자의 기본자세

교수자는 학습자들 앞에서 항상 바르고 성실한 자세를 보여야 하며 몸가짐은 자연스럽고 표정은 밝게 하여야 한다.

가. 자세

- 당당하고 똑바른 자세를 취한다.
- 주머니에 손을 넣거나 등 뒤로 깍지를 끼는 것은 좋지 않으며 손을 신경질적으로 비비는 것도 매우 부정적인 행동이다.
- 물건이나 펜을 들고 흔들거나 반복적인 행동을 하는 것도 삼가한다.

다음은 시정해야 할 자세들이다.

〈시정해야 할 자세〉

- 양손으로 교탁을 잡고 상체를 굽힌 자세
- 엉덩이를 뒤로하고 허리를 굽힌 자세
- 팔꿈치를 교탁에 의지한 자세
- 교탁에 몸을 의지한 자세
- 호주머니에 손을 넣은 자세
- 상의 단추를 잠그지 않은 자세
- 한쪽 발을 앞으로 낸 자세

- 무릎을 굽힌 자세
- 양팔을 모아 가슴에 얹고 있는 자세
- 양손을 허리에 얹는 자세

나. 표정 : 환하게 웃어라!

다양한 표정은 말로 하는 것보다 더 많은 것을 표현할 수 있다. 입술을 다물고 미소 짓는 것 같은 표정, 눈썹을 약간 올린 표정, 감탄한다는 듯 살짝 입을 벌린 표정 등은 상대를 이해하고 있다는 인상을 준다.

학습자들을 향한 부드러운 표정, 웃는 표정은 학습자들이 받아들여지고 있다고 느끼게 만들며 강의실 분위기를 부드럽게 한다.

2. 강의의 테크닉

가. 시선 처리(Eye Contact)

사람을 볼 때 먼저 그의 눈을 보게 된다. 강의를 하는 동안 교수자의 시선처리는 강의의 실제에서 중요한 사항이라고 할 수 있다.

효과적인 시선처리는 강의실을 크게 넷으로 나누어, 각각의 구획에서 가장 호의적인 학습자를 정한다. 그리고 강의를 하면서 각 구획의 호의적인 학습자를 돌아가면서 쳐다보며 강의를 진행하면 시선을 배분하는 데 효과적이다. 이와 같이 시선을 배분하면, 학습자가 몇 명이든 모든 학습자는 교수자가 자신을 주시하는 것처럼 느끼게 된다.

또한 적어도 2~3초 동안 각 사람의 눈과 눈을 마주치며 주의를 집중시킨다. 2~3초 동안 학습자와 눈을 마주치고 학습자의 표정을 읽었다면 학습자는 교수자가 자신에게 관심이 있다고 느끼고 강의에 집중할 것이다.

나. 움직이며 말할 것(Move)

인간도 동물이다. 그런데 동물들은 본능적으로 움직이는 물체에 주의집중을 하도록 되어 있다. 그러므로 강의 중에는 많이 움직이는 것이 좋다. 교수자가 가만히 서서 강의를 하는 것보다 움직이면서 강의를 하면 학습자들이 더욱 주의집중을 잘한다. 그리고 강의를 하면서 강단에서 움직일 때에는 서너 걸음 정도 천천히 양옆으로 움직이면 좋다. 특별히 강조할 내용이 있을 때에는 한두 걸음 정도 앞으로 걸어 나가는 것도 효과적이다. 강의 시 자연스러운 이동에서는 교탁 사용의 네 형식을 예로 들 수 있다.

- 1형식 : 단순형이라고 하는데 이것은 교탁에서 자리를 떠나지 않고 그 자리에서만 강의를 하는 것을 말한다.
- 2형식 : 자리바꿈형이라고 하는데 이것은 교탁을 중심으로 왼쪽이나 오른쪽으로 자리를 바꾸어 가면서 하는 것을 말한다.
- 3형식 : 완전형이라고 하는데 이것은 학습자들이 있는 곳으로 가 보면서 강의를 하는 것을 말한다.
- 4형식 : 혼합형이라고 하는데 이것은 1형식, 2형식, 3형식을 혼합하여 사용하는 것을 말한다.

다. 학습자의 표정을 읽자

강의 중에 학습자들이 '강의와 관련이 없는 불필요한 동작'을 하고 있지는 않은가?, 혹은 '멍하게 무기력한 응시'는 하고 있지 않은가?

혹 이러한 행동을 보인다면 이것은 학습자가 강의내용에 흥미가 없다는 것이므로 학습자들이 강의에 집중할 수 있도록 대처해야 한다.

(1) 학습자의 표정

- 자주 웃거나 시선접촉에 적극적이다. 손과 팔다리를 가지런히 둔다. : 관심이 있다.
- 고개를 끄덕인다. : 이해했거나 공감한다.
- 팔짱을 끼고 있다. : 생각에 빠져 있다.
- 창밖을 보고 있다. : 흥미가 없다.
- 고개를 갸웃거린다. : 의문을 가지고 있다.
- 입을 중얼거리고 뭔가 쓰려고 한다. : 답변하고자 한다.

(2) 주의력 집중 요령

- 학습자가 직접 몸을 움직여야 하는 실습, 롤플레잉(Role Playing) 등을 강

의와 자연스럽게 연결시킨다.

- 활기찬 목소리로 신나게 강의하며 어조의 강약, 완급을 변화 있게 구사한다.
- 학습자에게 적절한 질문을 던져 긴장의 이완을 방지한다.
- 강조할 때 제스처를 쓰거나, 판서를 함으로써 주의집중을 유도한다.
- 유머, 수수께끼 등을 활용한다.
- 심각한 이야기, 진지한 사례를 소개한다.
- 강단 위에서 적당히 자리를 옮기거나 또는 교단에서 내려와 학습자와의 접촉을 시도하는 등 교단연출을 시도한다.
- 시청각 교육 보조자료를 활용한다.
- 내용에 따라 학습자의 복창을 요구한다.

라. 표현능력 교수자의 화술

현대는 커뮤니케이션의 시대이며, 스피치의 대중화시대이다. 우리는 매일 같이 시민으로서, 직장인으로서, 지도자로서, 교수자로서 많은 사람을 상대로 말을 하면서 살아간다. 특히 교수자의 스피치는 강의내용을 학습자들에게 전달하는 수단이므로 더욱 중요하다.

(1) 스피치 기법

이야기를 잘하는 포인트

- Words(말, 즉 무엇을 말할 것인가?)
- Voice(목소리, 즉 목소리의 대소, 고저, 음색 등)
- Body Language(태도, 자세, 몸짓, 손짓, 얼굴생김새, 외견, 시선 등)
- Eye Contact(시선) : 남 앞에서 얘기할 때 절대적으로 시선을 컨트롤해야 한다.

(2) 언어구사법

- 음성의 크기는 장소와 환경에 따라서 조절하도록 한다.
- 또렷하고 정확한 발음으로 한다.
- 바르고 고운말을 한다.

- 알아듣기 쉬운 말을 한다.
- 침착하고 여유 있는 태도로 말한다.
- 화법에 맞게 말한다.
- 참 인격에서 우러나오는 진실된 말이어야 한다.
  (학습자 무시, 지나친 자기과시적인 언어는 삼간다.)
- 말하기 리듬에 변화를 준다.
- 반응에 따른 내용과 시간을 적절히 활용할 줄 알아야 한다.

(3) 스피치의 3대원칙

(가) 강조법

말의 한 구절이나 전체는 보통으로 표현하고 그중에서 가장 중요한 부분만을 강조한다.

(예) "높은 산으로 뛰어 올라갔습니다."

이것을 학습자에게 전달할 때 똑같은 톤으로 이야기하면 학습자는 아무것도 듣지 않는다. 그중에서 '**뛰어**'가 중요하면 **뛰어**에 대해서 평소보다 **크게** 하든지 **작게** 하든지 변화를 주어 강조를 해야 한다. 이렇게 하면 학습자들은 '**뛰어**'라고 하는 단어는 잘 기억할 수 있다.

(예) 큰 사람과 작은 사람이 나란히 서 있습니다.

이것을 설명할 때 큰 사람과 작은 사람이 중요한 부분이라면 '**큰 사람**'은 평소보다 크게, '**작은 사람**'은 평소보다 작게, '**나란히 서 있습니다.**'는 평상시 톤으로 하게 되면 학습자들은 큰 사람과 작은 사람만을 기억하게 된다. 강의 시 '**큰 사람**'은 높임 강조, '**작은 사람**'은 낮춤 강조, '**나란히 서 있습니다.**'는 보통으로 하면 학습자들은 변화를 준 단어를 잘 기억한다.

교수자는 착각을 하다. 이야기하는 모든 것을 학습자가 다 듣는다고 생각하는데 이것은 착각이다. 교수자가 이야기하는 것 중 강조하는 것만 들어 줘도 그 학습자는 좋은 학습자이다.

(나) 소리의 원근법

우리가 이야기 할 때 많은 숫자의 사람에게는 크게, 적은 숫자의 사람인 경우에는 작게, 멀리 있는 사람에게는 크게, 가까이 있는 사람에는 작게 한다. 즉 이것은 소리의 원근법이다. 그림에도 원근법, 판서에도 원근법이 있듯이 소리에도 원근법이 있다.

예를 들어 소리의 원근법을 실습해 보면,

여러분	**여러분**	**여러분**
숙이야	**숙이야**	**숙이야**

여기에서 제일 앞에 있는 여러분은 적은 숫자의 여러분을 부를 때, 두 번 째 여러분은 중간 숫자의 여러분을 부를 때, 세 번째 여러분은 많은 숫자의 여러분을 부를 때이다. 제일 앞에 잇는 숙이야는 가까이 있는 숙이를 부를 때, 두 번째 숙이는 약간 떨어져 잇는 숙이를 부를 때, 세 번째 숙이는 멀리 있는 숙이를 부를 때이다.

이렇게 소리의 원근법에 따라서 많은 숫자의 사람에게는 크게, 적은 숫자의 사람인 경우에는 작게, 멀리 있는 사람에게는 크게, 가까이 있는 사람에게는 작게 불러야 한다. 강의를 진행할 때도 소리의 원근법을 활용하여야 한다.

(다) 감정표현법

우리가 이야기할 때 단순한 목소리만을 내지 않고 말하려 하는 내용을 머릿속에 그리면서 감정을 잡아서 열성껏 표현한다.

모 방송국에서 성우를 선발할 때 나왔던 문제이다. 어느 곳에서 강도를 만나 뒤에서 강도가 따라오고 앞에는 큰 강이 있고 그 강에서 나룻배가 막 떠날려고 하고 있다. 나룻배를 타면 살고, 나룻배를 못 타면 죽는 상황에서 나룻배를 불러보라고 하는 것이 문제이다. 이때 어떤 응시자가 좋은 점수를 받았을까? 그 급한 상황을 자기 목소리에 담은 응시자이다. 즉, 그냥 나룻배를 부르는 게 아니라 뛰어가면서 헉헉거리며 나...룻배...라 불러 단순한 목소리만을 내지 않고 감정까지 전달하였기 때문이다. 강의에 있어서 교수자도 상황에 따라 감정표현법을 활용하여 진행을 하여야 한다.

(4) 스피치의 기본자세

- 얼굴 : 얼굴에서 미소를 잃지 않도록 해야 한다.(치즈~)
- 눈 : 시선을 골고루 나누어야 한다.
- 입 : 구형법에 맞추어 정확하게 벌리며 필요 이상으로 움직이지 않도록 해야 한다.
- 손 : 양쪽 손을 자연스럽게 앞에서 모아 쥐든가 양옆으로 가볍게 늘어뜨린다.
- 발 : 자연스럽게 자기 어깨넓이만큼 벌리되 한 발을 앞으로 해도 괜찮다.

(5) 침묵을 이용하자

교단에 서면 침묵이 길게 느껴지기도 하지만 때론 침묵의 활용이 매우 좋은 강의방법이 된다.

열심히 강의를 하다가 갑자기 이야기를 멈추고 침묵이 흐르면 학습자들은 긴장하여 집중하게 된다. 이처럼 침묵을 적절히 이용하면 중요한 사항을 강조할 때 효과적이다.

중요한 사항을 설명하기 전에는 학습자들의 주의를 집중시킬 수 있고 설명한 후 침묵을 하게 되면 학습자들은 배운 내용을 반추하는 시간을 갖게 된다.

강의 시 말하는 속도가 빠르다고 느끼는 경우, 강의 중간에 한 번씩 쉬어 주는 것은 강의속도 조절에 효과적이다.

(6) 언어적 표현

언어를 통한 커뮤니케이션에서 가장 신경써야 할 부분은 발음의 정확성, 소리의 크기, 말의 속도, 그리고 억양이다.

- 발음은 정확한가?
- 목소리 크기는 적절한가?

- 말의 속도가 적절한가?
- 억양을 잘 구사하고 있는가?

(7) 비언어적 표현

몸은 입보다 더 많은 말을 한다.

귀로 말을 들으면서 눈으로는 이것이 믿을 만한 것인가, 아닌가?를 파악하려고 노력하기 때문에 비언어적 의사소통은 기분이나 감정, 태도 등을 전달하는 데 효과적이다.

- 눈과 얼굴의 표정은?
- 몸 동작은?
- 자세는?
- 공간 연출은?

(8) 참여수업

일방적인 교수자 중심의 강의보다는 학습자를 강의에 참여시키면 효과적인 학습이 될 수 있다. 교수자 혼자의 원맨쇼보다는 학습자와 같이 강의를 진행시켜야 한다. 학습자를 관찰자의 위치에 두지 말고 학습자도 교육장에 주인공으로 참여할 수 있도록 한다.

(가) 움직이는 것의 효과

- 읽기를 통해서는 10%
- 들은 것을 통해서는 30%
- 보면서 들은 것을 통해서는 50%
- 스스로 말한 것을 통해서는 80%
- 활동하면서 말한 것을 통해서는 90%를 학습한다.

이와 같이 움직이는 것의 효과가 학습에 큰 영향을 준다는 것을 알 수 있다. 그러므로 학습자들은 수동적인 자세만 취하도록 하고 교수자 혼자서 강의를 하는 것은 비효율적이다.

(9) 제스처

제스처를 구사하는 이유는 어떤 동작을 다른 사람에게 해 보임으로써 어떤 느낌을 전달하기 위해서이다. 제스처의 횟수는 적게, 동작은 크게 하는 것이 효과적이다. 예를 들어 '남산 위에 둥근달이 떴습니다.'의 제스처를 취할 때 둥근달을 조그맣게 하는 것보다는 양팔을 벌려서 크게 하는 것이 효과적이다. 또 가능하면 한 손을 이용하는 것보다 양손을 이용하여 제스처를 하는 것이 효과적이다.

(가) 제스처의 사용범위

제스처는 어떠한 크기로 사용해야 효과적일까? 어떤 사람의 제스처는 쩨쩨하게 보이며, 어떤 사람의 제스처는 과장되어 부자연스럽게 보인다. 그런가 하면 어떤 사람의 제스처는 아주 자연스럽고 멋있게 보인다. 제스처 사용의 범위에 대해서는 여러 가지 견해가 있으나 알기 쉽게 그 기준을 간단히 소개한다. 자신의 몸을 기준으로 생각해 보자. 위로는 머리, 아래로는 허리, 옆으로는 양어깨를 중심으로 하면 직사각형이 된다.

일대일의 대화나 좌담을 할 때는 직사각형의 안에서 제스처를 사용하는 것이 편하고 보기 좋다. 그러나 많은 학습자를 대상으로 하는 스피치에서는 이 직사각형 밖으로 제스처를 크게 사용하는 것이 원칙이다. 대중강의에서 제스터의 동작을 작게 사용하면 쩨쩨하고 촌스러워 보인다. 학습자의 규모가 클수록 제스처도 비례해서 크게 써야 멋있게 보인다.

(10) 마이크 사용법

마이크는 메시지를 전달하는 중요한 매개체이다. 따라서 마이크를 잘못 사용하면 메시지의 전달이 제대로 될 수 없다. 마이크를 사용할 경우에는 작은 소리에도 신경을 써야 한다. 마이크의 감도가 뛰어나 작은 잡음도 모두 들리기 때문이다. 마이크를 테스트하는 방법은 가볍게 두드려 보아 상태를 확인하는 것이 바람직하다. "아아! 마이크 테스트, 하나, 둘, 셋...."이러한 시험은 하지 않아야 한다.

(가) 유 · 무선마이크

- 마이크를 꽉 움켜잡는 것이 아니라 살포시 손가락 첫 번째, 두 번째 사이에 잡아준다.
- 손바닥을 살짝 떼고 잡아준다.
- 겨드랑이를 살짝 붙여준다(살짝 붙이면 내 몸이 어디에 가 있어도 마이크는 당신의 입을 따라 움직이게 된다.)

(나) 핀 마이크

- 당신의 심장 주변에 단다.
- 재캣을 입고 있다면 재캣 위에, 넥타이를 매고 있다면 넥타이 위에
- 옷으로 마이크를 가리지 않도록
- 어느 방향으로 고개를 많이 돌리는지에 따라 핀 마이크 위치가 달라짐

(11) 리모트컨트롤러 사용방법

- 시선고정을 위해 슬라이드에 대한 멘트를 한 후 화면을 전환한다.
- 손을 뻗어 화면을 향해 리모트컨트롤러를 누르지 않는다.
- 화면 전환은 누르는 듯 마는 듯 자연스럽게 한다.
- 웬만하면 레이저포인트를 사용하지 마라.
- 레이저포인트로 줄을 긋거나 동그라미를 그리는 행동은 NO!

(12) 시간관리

(가) 시간초과는 금물

시간을 초과하면 학습자는 강의를 잘 듣지 않으므로 교수자는 빨리 강의를 종결하는 것이 좋다.

(나) 시간이 부족하지 않게

정해진 시간을 엄수하는 것이 학습자에 대한 교수자의 책임이라고 할 수 있다. 그래서 강의시간보다 늦게 시작한다든지 끝나는 시간보다 빨리 끝내는 것은 하지 않아야 한다.

(다) 시간을 의식하며 강의할 것

시간을 의식하며 강의한다고 해서 시계를 너무 자주 보지 않도록 한다. 시계를 자주 보면 학습자들이 '저 교수자는 빨리 끝내고 싶은 모양이구나'라고 생각할 수 있다.

(13) 유머의 활용

강의 시 유머를 사용하면 뇌파가 내려가서 학습효과에 도움이 된다.

바람직한 유머는 학습자가 예측할 수 없는 내용을 내포하며 건전한 내용이어야 한다. 그리고 유머는 내용을 전달하는 가운데 자연스럽게 삽입하여야 하며, 유머의 소재는 일상생활에서 찾는 것이 좋다. 즉, 다른 사람의 이야기나 신문, 잡지, 책을 통해서 힌트를 얻을 수도 있고 인터넷에서도 많은 소재를 얻을 수 있다.

세계 역사상 최고의 찬사를 받은 연사들과 요즈음 매스컴에서 잘나가는 교수자들의 공통적인 특징은 한결같이 훌륭한 유머 감각을 갖고 있다는 것이다. 이렇게 유머의 적절한 사용은 바람직하지만 상황이나 내용, 학습자에 따라 사용하지 않아야 하는 경우도 있다. 또한 자신이 없을 경우에는 사용하지 않는 것이 바람직하다. 오히려 어설프게 잘못 사용된 유머는 좋지 못한 결과를 초래할 수 있다. 그리고 너무 유머를 자주 사용하거나 지나치게 사적인 내용을 많이 다루게 되면 오히려 역반응을 나타낼 수 있다.

(14) 신뢰감의 확보

교수자가 학습자들에게 신뢰감을 얻기 위해서는 다음과 같은 것이 필요하다.

- 폭 넓은 지식의 구비
- 밝은 표정. 교수자가 어두운 표정을 지으면 전반적으로 학습장의 분위기가 어두워지고 침체된다.
- 쉬운 말로 표현할 것
- 요점을 정리할 것
- 지나친 자신감은 자제할 것
- 잔재주를 피우지 말 것

(15) 피해야 할 표현

강의 내용이 아니라면 가능한 신체적, 정치적, 종교적인 것은 민감한 부분이므로 강의 중 되도록 언급을 피하는 것이 좋다. 잘못하다간 오해의 소지가 있기 때문이다.

(16) 이미지 트레이닝

강의 시에 횡설수설하지 않고 자기가 전달하고자 하는 내용을 확실히 전달하며 주어진 시간 내에 정확히 끝내기 위해서는 이미지 트레이닝을 할 필요가 있다. 예를 들면 A팀 농구선수는 실제로 체육관에 가서 한 시간 연습을 한 팀이고, B팀은 이비시 트레이닝만 한 팀이다. 즉, 농구의 실제 현장을 머릿속에 그려보면서 이미지로 농구를 연습한 팀이다. C팀은 아무것도 하지 않은 팀이다. 그 후에 A팀의 슛 성공률을 보니까 90%, B팀은 84%, C팀은 60% 정도 됐다. 이것은 무엇을 의미하는 것인가? 슛의 성공률을 높이기 위해서는 A팀처럼 실제 연습을 해야 하는데 강의에서는 그렇게 시연하기는 어렵다. 그러므로 B팀처럼 이미지 트레이닝이라도 하는 것이 필요하다. 강의 전에 전체강의를 머릿속으로 그려보면 강의가 훨씬 효과적으로 될 수 있다.

(17) 강의 중 문제상황 대처법

강의를 하다 보면 학습자가 흥미를 잃고 지루해 하거나 하품을 하면서 조는 학습자가 있다. 쉬는 시간이 아닌데도 불구하고 휴대전화를 받기 위해서, 화장실을 가기 위해 강의실 밖으로 나감에 따라 수업 분위기를 흐리는

사람들이 있다. 교수자는 이러한 문제상황에 적절히 대처할 필요가 있다.

(가) 지루함을 나타낼 경우

학습자가 수업에 집중하지 않고 옆 사람과 이야기하거나 멍하니 있거나 하품을 하면 지루하다는 것이다. 이럴 때는 학습자의 주의를 환기시키는 조치를 취한다.

(나) 내용이 잘 이해가 안 된다는 태도를 나타낼 경우

학습자는 이해가 잘 안 될 경우 고개를 갸웃거리게 된다. 또는, 손을 턱에 괴거

나 입을 가린다. 이때는 우선 질문을 통해 어떤 부분이 이해가 잘 안 되는지 확인하고, 쉬운 예를 들어주나 부연설명을 한다. 교수자는 자기에게 쉬운 내용이라고 해서 학습자들도 이미 알고 있을 것이라고 가정하지 말아야 한다. 한편, 학습자들끼리 학습내용에 대해서 간단히 의견 교환을 하는 시간을 갖도록 한다. 이때 교수자는 해당 학습자에게 다가가 개별적으로 질의응답을 한다.

(다) 잡담을 하는 경우

강의 도중에 학습자들이 잡담을 하는 경우가 종종 있다. 즉, 옆 사람과 소곤소곤하거나 소리나게 떠드는 경우도 가끔 있다. 이때 교수자는 잡담을 하는 학습자에게 온 신경이 다 가서 제대로 강의를 하지 못할 수도 있다. 이럴 경우 어떻게 해야 하는지에 대해 살펴본다.

- 그 사람을 존중해 준다. "지금 저기에서 이야기하고 있는 분, 내가 지금 한 얘기에 대해서입니까?", "다시 한번 되풀이할까요?", "이해가 잘 안되는 점이 있습니까?", "어느 대목인가요? 그것은 ....." 등이 좋으나 어떤 경우에도 "저기서 말하고 있는 사람 입을 다물어요.", "강의 중에는 쓸데없는 말을 하지 말아요."와 같은 표현은 삼간다.
- 잡담을 하는 사람을 이야기 속에 등장시킨다.
- 잡담을 하는 사람 앞에 가서 서 있는다.

(라) 강의 중 말이 많은 학습자가 있을 경우

학습과 관련된 내용으로 지나치게 말이 많은 학습자들이 종종 있다. 즉, 말이 많아질 수 있다. 정보를 많이 갖고 있거나 과도하게 열성적인 경우에는 비난조로 대응해서는 안 된다. 말이 많은 학습자에게 발표할 기회를 부여하거나 질문을 하여 학습에 적극 참여케 하여 학습의 효과를 높여 나가는 것이 하나의 방법이 될 수 있다.

(마) 휴대전화 사용 등으로 강의 집중이 잘 안될 경우

강의 시작 전에 휴대전화 사용으로 인해 강의에 지장이 많이 발생한다고 이야기하고 미리 협조를 부탁하거나, 통화할 수 있는 시간을 예고한다. 팀별 활동의 경

우에는 휴대전화를 사용하면 팀 평가에 감점을 부여한다거나, 디지털시대의 휴대전화 기본예절에 대해 언급한다.

(바) 잦은 이석으로 분위기가 산만할 경우

자리를 자주 비움으로써 발생하는 문제점에 대해 전체 학습자들이 대상으로 이야기하고 협조를 부탁한다.

수업에 한 시간이라도 빠지게 되면 강의내용의 전후 연결이 안 돼 재미가 없어지거나 학습 분위기가 침체되고, 여러 사람에게 피해를 주게 되니 가능한 한 수업 중에 자리를 이동하는 것을 삼가달라고 한다.

제4장

교수 5단계

제4장

교수 5단계

제1절 준비단계

1. 개 요

군대의 교육은 통상 5단계로 구분하며 이는 모든 교육 및 훈련에 적용된다. 교수 5단계는 경우에 따라 불필요한 단계는 과목의 성격에 의거 생략할 수 있으나 가능하면 전 단계를 적용하는 것이 이상적이며, 다음과 같다.

- 1단계: 준 비
- 2단계: 강의 및 시범
- 3단계: 실 습
- 4단계: 시 험
- 5단계: 강 평

2. 교육 준비 절차

교관이 학습을 위하여 과목의 진행을 쉬운 것부터 어려운 것 순으로 준비하고, 교육의 효과를 위하여 다음과 같은 교육준비 절차를 적용하는 것이 좋다.

- 교육 상황 판단
- 교재 선택과 구성
- 교안작성
- 강의연습
- 최종검토

가. 교육상황 판단

교육상황 판단이란 각종 교육문제의 해결책에 영향을 주는 요소를 논리적으로 비교하고 구상 및 검토하는 사고과정을 말한다.

모든 교수 계획은 요구하는 교육 목표에 기초를 두고 상황 판단을 실시하여 각종 방책을 수립한다. 상황 판단은 준비단계에서 뿐만 아니라 교수 5단계 과정에서 계속적으로 이루어져야 하며 고려할 사항은 다음과 같다

- 임무
- 과목의 분석
- 교육수준
- 교육조건
- 교육시간
- 교관 및 조교 소요
- 교육보조재료 및 장비
- 제반 문제 예상

(1) 임무

교관은 먼저 어떤 임무를 위해 실시하는 교육인가를 알아야 한다. 임무는 훈련지시, 상급부대 지휘관의 지침에서 획득할 수 있다.

(2) 과목의 분석

교관은 임무가 결정되면 성공적인 임무수행을 위하여 학생들이 배워야 할 숙달정도 및 필요한 지식과 기술을 결정하며 과목을 분석한다.

(3) 교육수준

교관은 상황 판단시 학생들의 과거 교육수준을 파악하여 이들의 수준에 알맞게 교수계획을 작성하여야 한다.

예를 들면 학생들이 군사교육을 처음 받을 때는 정의, 목적, 각종 원칙, 군사술어 등을 상세하게 설명해 주어야 하며 보수교육을 받을 경우에는 군사술어를 생략하는 등 학생들의 수준에 따라 교수계획을 작성해야 한다.

(4) 교육 조건

교관은 교육에 영향을 주는 제반조건을 고려해야 한다.

실내, 야외, 주간 또는 야간 교육인가, 강우, 강설 등 악천우시는 어떻게 할 것인가를 융통성 있게 준비하여야 한다.

(5) 교육시간

시간이 충분하면 많은 교육보조 재료를 사용하면서 교육을 실시하여야 하나 시간이 부족할 경우에는 학과의 목표달성에 극히 필요한 것으로 제한하여 교육 시간을 효과적으로 사용할 수 있도록 노력해야 하다.

(6) 교관 및 조교 소요

교관은 교육 전에 필요한 교관과 조교의 수를 파악하여 준비단계 초기에 해결하여 교육준비에 지장이 없도록 해야 한다.

(7) 교육보조 재료 및 장비

교관은 교육보조 재료, 장비, 시설의 소요와 사용 가능성 여부 등을 교육 전에 상세히 점검하고 이의 획득 여부도 확인해야 한다.

(8) 제반 문제 예상

교육 실시에 영향을 줄 수 있는 장애 요소가 무엇인가를 사전에 예측하고 그 해결대책을 강구하여야 한다. 이러한 문제는 직접 교육을 실시한 교관이나 과목 분석 결과 또는 경험이 많은 교관의 조언으로부터 얻을 수 있다.

나. 교재의 선택과 구성

한 과목의 내용이 될 교재를 선택하고 구성하는데 있어서 교관은 우선 많은 참고서적을 연구하여 과목에 대한 광범위한 배경을 알아야 한다. 그리고 학생들에게 학습의욕을 촉구하고 흥미를 유지시키기 위해서 역사적 실례나 전사 등을 인용하고 활용해야 한다.

다. 교안 작성

(1) 교안

교안은 교관이 교육에 필요한 내용을 계획적으로 작성한 것으로서 교육목표 달성을 위하여 사용하는 교육의 지침서이다. 따라서 교안을 작성할 때는 충분한 과목 연구를 통해서 주도면밀하게 작성하여야 한다.

(2) 교안작성 목적

- 교관이 교육목표를 달성하는데 지침서 활용
- 효과적인 학습을 위하여 교관에게 도움
- 학과의 요점을 포함
- 강의 시간을 조정
- 교수방법과 절차를 준비
- 교육보조 재료사용에 도움
- 시험 출제시 기록서로 사용
- 교관에게 자신감을 부여하고 기억을 환기

(3) 교안의 종류

교관이 수업시에 사용하는 교안의 종류는 기술방법에 따라 다음과 같이 구분된다.

- 논제 형식 교안
- 성문 형식 교안
- 원고 형식 교안
- 임무 형식 교안

(가) 논제 형식 교안

논제형식 교안은 교관이 학생들에게 강의할 내용 중 요점만 간단한 어구나 낱말로 작성하는 것을 말하며, 제목과 제목 내용의 줄거리만 작성하고 서술식으로 작성하지 않는다.

논제형식 교안은 작성할 때 시간이 절약되고 강의시 융통성 있는 장점이 있으나, 후임자가 과목을 연구할 때에는 시간이 많이 소요되고 전임 교관과 같이 일률적인 교육을 실시하지 못하는 단점이 있다.

(나) 성문형식 교안

- 성문형식 교안은 형식 교안에 설명을 붙여서 완전한 문장으로 작성한 교안을 말한다.
- 성문형식 교안은 후임자가 과목을 연구하는데 시간을 절약할 수 있고 또한 전임교관과 같이 일률적인 교육을 실시할 수 있다. 그러나 작성시는 시간이 많이 소요된다.
- 교안 예문
  - 통신문에 포함되는 내용은 사실 그대로 기술되어야 하며 풍문적이어서는 안 된다.
  - 통신문은 가능한 간단명료해야 한다.
  - 통신문은 수취인이 명확히 이해할 수 있도록 작성해야 한다.

(다) 원고형식 교안

- 원고형식 교안은 수업시간 중 교관이 말하고 행동하는 모든 사항을 각본식으로 교육시간 별로 작성하는 것을 말하며 이는 학교교육 기관에서 주로 사용한다.
- 원고형식 교안은 최초 작성시 많은 시간이 소요되고 세심한 곳 까지 신경을 많이 써야 하여 강의시 융통성이 결여되어 있으나 새로 연구하는 선임교관에게 유용하게 사용되며 전임 교관과 같이 일률적인 교육을 실시할 수 있다.

(라) 임무형식 교안

- 임무형식 교안은 교육시킬 내용을 염두에 두고 실습을 위주로 한 실습계획과 지휘관의 훈련 목표, 교관이 선정한 중간 훈련 목표, 행정 지시, 훈련 진행 단계 및 시간 산정, 안전 제한사항, 부대 예규상 필요한 행정적인 사항 등을 포함하여 작성된 교안을 말한다.
- 이는 주로 실무부대에서 사용하기에 적합하며 작성할 때 시간이 절약된다. 교관이 상황을 부여할 때에는 융통성이 있으므로 여건에 알맞은 상황을 부여할 수 있으므로 실전감을 주는 효과적인 훈련을 실시할 수 있다. 그러나 경험이

없는 교관이 임무형식 교안을 작성할 때에는 과목에 대한 충분한 연구를 위해 많은 시간이 요구된다.

(4) 교안의 구성

- 교안은 두부, 주부, 미부의 3개 주요 부분으로 구성된다.
- 두부에는 강의 내용 앞부분에 있는 내용으로 수정표 및 교수 계획표 등이 포함된다.
- 주부에는 주로 교관이 강의할 내용을 기술하며 여기에는 서론, 본론, 결론이 포함된다.
- 미부에는 주로 교관이 강의를 마친 후 시범 및 실습을 진행할 내용으로서 시범계획, 실습계획, 기타가 포함된다.

라. 강의 연습

교관은 교안이 작성되면 실제로 교육할 때와 똑같은 준비를 하여 숙달될 때까지 반복하여 강의 연습을 실시하여야 한다. 연습시는 가능한 상급자 또는 동료 교관을 참석시켜 교수법상 자신의 버릇, 습관 등을 비롯하여 음량, 속도, 태도, 시범 효과, 표준어 사용 등 냉철한 강평을 받아야 한다.

만일 시간 관계로 완전히 연습할 수 없을 경우에는 요점만이라도 중점적으로 강의 내용을 연습해보고 교육에 임할 태도를 항시 갖추어야 한다.

마. 최종 검토

교관은 교육 전 다음 사항을 확인하고 조치해야 한다.

- 교안 및 참고 교범
- 교육보조 재료 준비
- 실내 교육환경 정리 상태
- 배부 교재 준비
- 시범 조교 참가 및 훈련 상태
- 기 타

제2절 강의 및 시범단계

1. 개 요

교수 방법은 타율적 방법, 지도적 방법, 자율적 방법으로 구분한다. 타율적 방법은 강의(설명)방법과 시범방법 등이 해당되며 지도적 방법에는 토의 방법과 실습방법 등이 해당된다. 강의 및 시범 단계는 타율적 방법으로서 과목에 따라 강의만 실시할 수 있고 강의 후에 시범, 시범 후에 강의, 시범을 보이면서 강의를 하는 시범식 강의 등으로 실시한다. 상기의 어느 방법을 사용하든지 교육효과를 고려하여 서론, 본론, 결론으로 구분한다.

2. 강 의

가. 개 요

강의는 교관이 학생에게 행하는 교관 중심의 구두 설명으로 교육에 참여하는 피교육자는 교관의 질문에 답하거나 질문하는 것을 제한을 받는다. 가장 효과적인 강의는 교관이 강의할 과목에 대하여 준비된 강의록을 보지 않고도 설명할 수 있을 정도의 지식을 충분히 연구하여 실시하는 것이며, 서론, 본론(설명), 결론으로 구분한다.

나. 서론

과목을 처음 시작할 때 학생들의 심적 태도는 매우 산만한 상태에 있고 자기 나름대로의 잡념에 쌓여 있으므로 교관은 학생들의 잡념을 제거하고 과목을 연구할 수 있도록 서론을 통해 과목의 목적 및 중요성을 명확히 설명하여 학생들의 주의력을 집중시킨 다음에 학습에 들어가야 한다.

교관은 학생들의 주의력을 학습연구에 집중시킴으로써 학생들과 접촉을 유지하고 흥미를 북돋우어 산만했던 주의력을 환기시킨다.

(1) 실시 이유

- 과목과 접촉을 하기 위하여
- 흥미를 유지하기 위하여
- 과목 연구에 주의력을 환기시키기 위하여
- 과목의 교육 목적을 정확하게 주지시키기 위하여

(2) 실시요령

- 좋은 시작의 말을 한다.
- 인용구를 쓴다.
- 이야기 또는 실례를 든다.
- 수사적 질문을 한다.
- 놀랄만한 사실을 말해 준다.
- 연기 시범을 한다.

(3) 포함할 사항

- 학과의 목적
- 학습이 이유
- 학습의 수준
- 진행절차
- 이전과목의 복습

(가) 학과의 목적

교관은 가르치는 입장보다 자신이 배우는 학생의 입장에서 무엇을 연구할 것인가에 대해 간단명료하게 학생에게 설명해 주어야 한다.

예를 들면 지금부터 교수법에 대해서 교육을 시작하겠습니다. 라고 하는 것보다 지금부터 학생들은 교수법에 대해서 연구 토의하겠습니다. 라고 하는 편이 학생들에게 학습에 대한 책임감을 인식시키는데 더욱 효과적이다.

또한 학과의 목적을 설명할 때는 박력이 있고 열성적으로 말하여야 하며, 간단명료하고 결정적이어야 한다. 그러나 목적을 설명할 때 이 과목은 딱딱한 과목이라느니, 흥미가 없다느니 등의 불필요한 말을 해서는 안 된다.

(나) 학습의 이유

사람들은 심리적으로 모든 일을 왜 해야 하는가에 대하여 이유를 알고 싶어 한다. 그러므로 교관은 학생들의 호기심을 만족시켜 주고 과목에 대한 중요성을 이해시켜 주기 위하여 자신의 경험이나 체험을 통해서 얻어진 실례나 증거를 들어가면서 과목의 필요성을 인식시켜야 한다.

(다) 학습의 수준

학습의 수준은 교육을 통해서 얻을 수 있는 효과정도를 말하는 것으로 이해나 소개 정도로 그칠 것인가, 숙달시킬 것인가를 말하며 이는 학급의 수준에 따라서 결정된다.

(라) 진행절차

교관은 이 과목이 일반적으로 어떻게 진행될 것인가를 말해 줌으로써 학생들이 사전 마음의 준비를 하게 된다.

예를 들면 "본 과목은 총 8시간으로서 강의 4시간으로, 첫 시간은 학습의 원칙. 둘째 시간은 교관의 자격, 셋째 시간은 교수단계, 넷째 시간은 교수계획표 및 교안작성 요령에 대한 강의를 4시간 실시하고 실습은 교수계획표 작성 1시간 그리고 작성된 교수계획표에 의하여 교안작성을 3시간 실시하겠습니다."와 같이 설명한다.

(마) 이전과목의 복습

모든 과목은 상호 연관성을 가지고 있으므로 동일한 과목을 연구할 때는 서론에서 이전 과목 내용을 간단하게 요약해 줌으로써 학생들이 이미 배운 내용을 상기하면서 학습에 임하게 된다. 그러므로 교관은 설명에 들어가기 전에 배운 과목에 대하여 간단히 복습하는 것도 효과적인 방법이다.

다. 본론(설명)

설명은 교수 5단계 중 제 2단계인 강의 및 시범단계에서 가장 중요한 부분으로 교관의 교수기술을 필요로 한다.

(1) 설명하는 이유

- 교육의 요점을 이해시키기 위하여
- 교관의 지식을 전달하기 위하여
- 학생들의 이해를 발전시키기 위하여
- 학생들의 판단력을 자극시키기 위하여

(2) 설명시 유의사항

- 확고한 구성
- 요점 추이
- 흥미 주지
- 교육 요점 강조

(가) 확고한 구성

확고한 구성이란 논리적으로 타당성이 있어야 하며 앞뒤가 상호 연관성을 가지고 이론이 질서정연하게 체계가 있어야 한다. 앞에서 한 설명이 뒤에서 설명한 내용과 일치 하도록 구성되어 권위가 있는 내용이 되어야 한다.

이때 주 요점의 수를 제한하여 순서별로 일목요연하게 구성하여 학생들이 이해할 수 있도록 하여야 한다.

(나) 요점 추이

요점 추이란 어떤 내용을 설명하고 다시 그 내용을 이해하기 쉽게 정리해 주고 다음 설명할 내용과 연관시켜 주는 것을 말하며 이러한 요점 추이는 학생들로 하여금 과목에 열중하게 하는 좋은 방법이다.

요점 추이를 하는데 교관에게 도움이 되는 방법은 다음과 같으며 이는 각 방법을 혼용할 수도 있다.

- 제목 자주 참조
- 빈번한 요약
- 수사적 질문
- 연결성 있는 어구 사용
- 요점 열거

라. 결론

교관은 학생들에게 많은 지식을 전달하고 폭넓게 설명한 내용을 손에 꼭 쥐어 주듯이 요약해서 강조해 주어야 한다.

이러한 결론을 맺을 때는 학생들이 졸다가도 주의 깊게 들으려고 노력을 하므로 교관은 이러한 호기를 잘 이용하여야 한다. 그러나 시험만을 목적으로 한 과목 요약을 금물이다.

(1) 결론에 포함할 사항

- 질의 응답
- 중점 강조
- 연관성

(가) 질의응답

과목의 결론은 질의응답부터 시작되며 일종의 복습과정으로 학생들이 과목을 어느 정도 이해하였나를 확인하고 그들의 의문사항을 해설해 주는 효과적인 방법이다.

(나) 중점 강조

교관은 설명과정에서 빈번히 요약해 주지만 전 내용에 대한 중점을 체계있게 재강조하여 학생들의 이해를 증진 시켜 주고 학생들이 장시간 기억에 남을 수 있도록 간단명료하게 하여야 한다.

(다) 연관성

필요에 따라 사용하며 차후 교육준비를 하는데 기여하기 위하여 설명하는 것이 좋다. 예를 들면 금일 교육 종료후 명일까지 교육시간이 연장된다면 명일 교육의 준비사항에 관한 사항을 알려 줌으로써 학생들은 교육전에 예습 및 복습으로 교육의 효과를 가져올 수 있다.

3. 시범

가. 개요

시범이란 각 단계가 어떻게 형성되며 진정되고 움직이는가를 실제로 학생에게 본을 보임으로써 설명을 명확하게 하는 교육방법을 말하며 시범은 독립된 교수방법이 아니고, 강의와 토의를 배합하며 설명과 함께 또는 설명 후에 실시한다.

시범은 강의 및 시범 단계에 있어서 학생들에게 행동의 본보기를 보여주고 행동의 표준을 규정짓기 위하여 실시한다. 또한 학생들은 시범을 봄으로써 강의 간의 각종 의문을 해결해 줄 뿐 아니라 과목을 더욱 흥미있게 연구하고 교육의 효과를 가져올 수 있게 된다.

나. 시범 목적

교관이 학생들에게 시범을 실시하는 목적은 다음과 같다.

- 조작 및 운용방법을 가르친다.
- 원리와 이론을 가르친다.
- 작용과 기능을 가르친다.
- 전술적 행동을 가르친다.
- 절차를 가르친다.
- 평가 방법을 가르친다.

(1) 조작 및 운용방법을 가르친다.

숙달이란 자동적으로 행하여지는 신체적인 활동으로 장비조작 및 운용에 대해 정확하게 반복 연습함으로써 획득할 수 있다.

숙달을 발전시키기 위한 교육에 있어서 시범은 학생에게 여하히 하는 것인가 하는 방법을 육안으로 볼 수 있게 하여주는 것이며 또한 한 가지 일을 바로 하는 방법을 보이기 위하여 시범을 실시할 시는 그 범위의 세부사항까지 완전무결하게 하기 위하여 각 단계별로 중간 훈련 목포를 세워야 한다.

시범은 각 단계별로 학생들이 철저히 파악할 수 있도록 중간 훈련목표 순으로 실시한 후 종합적으로 실시한다.

예를 들면 복잡한 동작을 하는 부속품들로 구성된 화기의 분해와 같은 숙달을 필요로 하는 것은 중간 훈련목표를 세워 각 단계별로 나누어 따로따로 시범하여야 하며, 다음 단계에 들어가기 전에 학생들도 실제로 조작해 보아야 한다.

또한 한번에 실시할 시범 단계수를 제한하여 시범 보인 내용을 학생들이 기어할 수 있게 한 후 전단계를 종합하여 실시한다.

(2) 원리와 이론을 가르친다.

기술 부분에 관련된 내용(주로 화기)을 성공적으로 수행하기 위해서는 “왜 작용하는가?”의 기본적인 원리를 이해하여야 한다.

시범은 왜 작용하는가의 기본원리에 대하여 이해를 증진시키기 위해서 실시한다.

(3) 작용과 기능을 가르친다.

기술 부분에 관련된 내용을 성공적으로 수행하기 위하여는 어떻게 작용하는가의 기본적인 원리를 이해하여야 한다.

예를 들면 기관총의 기능에 대하여 설명할 때는 구성부분의 동작을 보여주는 단면으로된 확대 모형이나 교육영화를 상영하면서 실례를 들어가면서 시범하는 것이 효과적이다.

(4) 전술적 행동을 가르친다.

시범은 전투행동을 실제로 실시하는 방법을 가르치기 위하여 실시한다. 사판을 사용하거나 야외에서 실제로 전술적인 기동연습을 실시하여 학생들이 그 실시 방법과 절차를 수행할 수 있는 능력을 배양시킨다.

시범을 성공적으로 실시하면서 학생들에게 그 전체활동이 어떻게 전개되는가를 흥미 있게 보여줄 수 있으며 학과 내용에 대하여 쉽게 기억할 수 있게 된다.

(5) 절차를 가르친다.

예를 들면 문서취급소의 운용, 참모절차 및 기타 협동적인 활동은 시범에 의하여 여하히 활동할 것인가를 명확하게 보여줄 수 있다.

절차는 간단한 단막극이나 사전 준비한 전시 형식에 의하여 각자가 하여야 할 임무를 현실적으로 명확하게 보여줄 수 있다.

(6) 평가방법을 가르친다.

원활하고 능률적인 시범을 실시하면 학생들은 시범에 적당한 숙달과 기술에 대한 가치 판단을 할 수 있게 한다.

다. 시범의 형태

시범에는 일반적으로 다섯가지 형태가 있다.

- 절차시범
- 전 시
- 야전시범
- 교육영화 및 VCR
- 단막극

라. 시범의 장점 및 단점

(1) 시범의 장점

- 훈련시간을 절약할 수 있다.
- 빨리 배울 수 있다.
- 흥미를 유발시켜 준다.
- 실습을 용이하게 유도할 수 있다.

(2) 시범의 단점

- 학생들의 적극적인 참여 기대 곤란
- 시범 준비시간 및 예산의 과다 소요
- 기상의 영향을 받는다.

마. 시범실시 요령

시범을 실시할 때는 필히 학생들의 관점을 고려하여야 하며 가능하면 학생들이 시범을 볼 장소에서 교관이 지켜보는 가운데 사전에 철저한 예행연습을 하여 준비에 만전을 기하여야 한다.

(1) 각 단계를 상세히 설명한다.

시범은 단계별로 상세하게 계획하여 각 중간 훈련 목표별로 단계적으로 실시하는 것이 효과적이다.

만약 학생들이 한 가지 이상의 방법으로 작전을 수행할 수 있도록 배워야 한다면 다른 방법에 의거 별도로 구분된 시범을 보여 주어야 한다. 중간 훈련 목표가 여러 가지 있을 경우에는 동시에 시범을 보이지 말고 그 훈련과정에 꼭 필요한 것만 먼저 보여주고 일단 학생들이 실습을 마친 후 다른 중간목표를 보여준다.

(2) 시범 도중에 중점을 요약하여 강조한다.

이를 위해서 질문을 통해 중점을 확인하는 방법이 있다. 교관의 설명보다 더 명확히 하기 위하여 괘도, 모형틀 등의 추가적인 교육보조 재료를 사용하면 학생들이 내용을 기억하는데 도움을 준다.

(3) 학생들의 시선을 방해하지 않고 볼 수 있도록 교관은 한쪽 구석이나 또는 교육보조 재료의 뒤나 옆에 위치하여야 한다.

장비에 대한 시범을 실시할 때는 학생들에게 시범을 보이되 교관이 설명을 하는 동안에 장비를 학생들에게 보이지 않도록 해야 한다.

조교가 시범을 보이는 동안에 어떤 내용을 설명한다면 학생들에게 시범을 주목하도록 지시하고 학생들과 접촉하면서 설명하여 시범과 설명에 간격을 두어서는 안 된다.

(4) 모든 피교육자가 시범을 보고 설명을 들을 수 있도록 한다.

시범이 끝나면 즉시 학생들에게 실습을 실시하여 교육에 대한 내용을 빠르고 쉽게 이해하고 숙달할 수 있도록 해야 한다.

제3절 실습단계

1. 개 요

실습이란 실제로 하면서 배우는 것을 의미하며 배운 원칙을 실제 상황에 적용할 수 있도록 숙달하는 과정을 말한다.

교육 진행중에 있어서 실습은 다른 단계의 교육과 결합하여 수업중 한시라도 적용할 수 있으나 통상 설명이나 시범이 끝난 후에 적용된다.

실습을 체계있게 실시하면 학생들은 강의 및 시범단계에서 얻은 지식을 실습시에 연관시키게 되므로 과목의 전반적인 내용을 쉽게 이해할 수 있게 된다. 실습은 학생들의 교육 진도를 평가하고 수업의 효과 여부를 점검하기 위해서 시험과 결합시켜서 실시하는 예가 많다.

2. 실습 실시 이유

- 원리와 이론을 숙지시키기 위하여
- 신체적 단련과 기술적 숙달을 시키기 위하여
- 훈련절차 및 교도 능력을 부여하기 위하여
- 실상황에 즉각 조치할 수 있는 능력을 배양하기 위하여

3. 실습 방법

실습하는 방법에는 다음과 같이 4가지가 있으며 사용하기에 가장 적절한 방법은 교육상태와 배우고 있는 숙달정도에 따라 다르므로 적절히 선택하여 실습해야 한다.

- 통합 실습
- 교관 학생식 실습
- 단독 실습
- 단체 실습

가. 통합 실습

통합실습이란 모든 학생이 교관의 통제와 감독하에 동일한 내용을 동일한 시간에 적용하는 실습방법을 말한다. 이는 학생들이 보는 앞에서 교관이 한 절차와 한 단계를 설명하고 시범을 보인 후 학생들에게 시범을 상기 시키면서 학생들과 토의하면서 신속 정확을 기하고 자동적으로 할 수 있을 때까지 반복하여 실습한다.

나. 단독 실습

단독 실습이란 교관의 감독하에 학생 자신의 능력으로 스스로 숙달될 때까지 실습하는 방법을 말한다. 학생에게 독자적 실습을 실시하게 할 때는 교관의 면밀한 감독하에 이루어져야 한다.

다. 교관 학생식 실습

교관 학생식 실습이란 교관 및 조교의 감독하에 학생 상호간에 교관과 학생의 입장이 되어 실습하는 방법을 말하며 이 방법은 이미 숙달되어 비교적 원리를 깨우친 학생들을 가르치는 데 사용된다.

교관 학생식 방법을 적절히 적용하여 학생들을 지도하면 학생들로 하여금 지도와 지휘 능력 향상은 물론 동작 하나하나를 숙달시키는데 효과적이다.

교관 학생식 실습 방법은 제식훈련, 총검술, 구급법, 사격술, 태권도, 및 도수방어 등의 학과를 교육하는데 효과적으로 적용된다.

라. 단체 실습

단체 실습의 목적은 학생이 한 단체의 일원으로 활동할 수 있도록 가르치는 데 있으며 단체 연습을 통하여 협동능력은 물론 자기 자신을 향상시키다. 단체 실습 시는 최초 각개훈련을 실시하여 학생들이 숙달한 후 단체의 일원으로 숙달되어야 한다.

공용화기의 조총 및 조포훈련, 부대 및 소대 전투 대형 훈련 등 학생이 한 단체의 일원으로서 행동을 하게 되는 협동훈련은 통상 두 개의 단계로 나누어 실시한다. 첫째는, 기술에 중점을 두고 협동하는 원리만을 강조하여야 하며 둘째는, 배운 기술을 현실적 상황하에서 적용하는 기회를 마련하는 것으로 협동 단계에서 기본원칙을 습득한 후 모든 전투 작전의 단계가 포함되리만큼 범위를 확장하여 실습을 실시한다.

4. 실습시 고려사항

- 학생에게 동기를 주입
- 연습을 통하여 완성
- 단체 훈련으로 완성

가. 학생에게 배우려는 동기를 갖게 하여야 한다.

교관의 효과적인 강의법에 의하여 학생들이 강의내용을 이해하여 배운 내용을 실제로 해보려는 동기를 갖게되면 학생들의 배우려는 의욕은 실습단계에까지 연장된다. 실습단계에서 동기는 다음 방법에 의하여 유발하게 된다.

실습시 동기 유발 방법
• 확실한 목적을 세운다. • 진도를 평가한다. • 경쟁을 시킨다. • 절차를 바꿔본다. • 현실에 맞게 적용한다.

(1) 확실한 목적을 세운다.

교관은 학생들에게 무엇을 하며, 왜 그것이 중요한가를 인식시켜 주어야 한다. 실습시는 학생들을 혼동케 하는 복잡한 사항을 강조하는 것보다. 간단한 원칙을 강조하여야 한다. 예를 들면 독도법에서 방위각 편각이라고 하는 것보다는 방향결정이라고 하는 편이 학생들의 실습 동기를 주입하는데 도움이 된다.

(2) 진도를 평가한다.

학생은 지신의 진도를 알게 되면 자극을 받아 그 자신이 더욱더 노력하게 되므로 교관은 적당한 시간적 간격을 두어 학생에게 성적 결과를 알려주어야 한다. 학생은 성적이 만족할 정도면 성적을 더 좋게 하려고 자기의 노력에 박차를 가하며 만약 성적이 최초계획보다 미달되어도 자신의 성적을 향상하기위하여 통상보다 더 노력하게 된다. 학생들은 교관이 적절하게 칭찬을 하면 감동되지만 너무 과장하여 칭찬하면 오히려 역효과를 가져올 우려가 있다.

(3) 경쟁을 시킨다.

교관은 실습시 학생들에게 실전감을 주기 위해 경쟁 방법을 광범위하게 사용하여 학생들이 실습을 하는데 의욕을 줄 수 있도록 동기를 유발시켜야 한다.

(4) 절차를 바꿔본다.

실습시간에 같은 방법으로 실습을 계속 진행하면 학생들이 학과에 흥미를 잃고 권태를 느낄 우려가 있으므로 이를 해소하기 위하여 교관은 실습 절차를 바꾸어 학생들이 흥미를 갖고 실습할 수 있도록 학습 분위기를 조성해 주어야 한다.

(5) 현실에 맞게 적용한다.

실감을 필요로 하는 활동은 단체 실습활동에 가장 많이 사용한다. 나침반 사용, 야전 축성, 각개전투 훈련 등, 각 개인에게 실습을 하려는 동기를 유발시키기 위하여는 제목을 말하는 것보다는 학생들이 실제로 행동할 수 있도록 분위기를 조성해 주어야 한다.

나. 연습을 통하여 완성을 기한다.

군인들이 훈련시 땀 한방울을 흘리는 것은 전상에서 피한방울을 흘린다는 것과 같으므로 군인들은 평시 철저한 훈련을 하며 실전에서 승리하여야 한다. 그러므로 교관은 실습기간 중에 철저한 훈련을 실시하여 학생들을 숙달시켜야 한다.

교관은 실습시간중 학생들을 숙달시키기 위하여 원칙을 고려하면서 실습을 진행시켜야 한다.

(1) 정확한 출발을 한다.

실습시 학생들에게 정확한 동작을 실시하기 위해서는 교관이 먼저 그 동작을 시범으로 보여준 후 학생들을 연습시켜 보는 방법이 가장 효과적이다.

그러므로 단체 연습 방법은 처음부터 출발을 정확하게 하여 실습 효과를 거두어야 한다.

(2) 연습을 반복시켜 숙달시킨다.

연습도 실제 훈련과 같은 요령으로 실시하여야 한다. 또한 교관은 학생들이 실습을 통하여 과목 내용을 숙달하게 되면 힘이 들지 않으나 그렇지 않으면 힘이 많이 들고 진도와 성과도 없으므로 학생들이 숙달될 때까지 반복하여 훈련시켜야 한다.

(3) 문제 해결방법을 사용한다.

이 방법은 단체 실습이나 학생들의 단독 실습을 통하여 어느 정도 숙련을 한 단계까지 향상을 한 상태에서 특히 중요하다. 교관은 학생들에게 문제를 제시하고 학생들은 이 문제를 해결함으로써 학습의 의욕을 증진케 한다.

다. 단체훈련으로 완성한다.

교관은 설명이나 시범을 할 때 보다는 실습을 실시할 때가 학습을 진행하는데 더욱 힘이 든다는 점을 인식하고 단체원으로 훈련시켜야 한다.

5. 실습시 기본원칙

교관은 학생들이 실습을 진행하는데 도움을 주기위하여 다음과 같은 기본원칙을 준수해야 한다.

가. 특별한 지도를 한다.

학생들이 무엇을 하여야 하는가, 왜 규정된 대로 하지 않으면 안되는가, 조력은 언제 행하여야 하는가 또는 답을 알고 있는지를 확인하고 모르면 알려주어야 한다. 또한 교관은 학생들이 질문하게 될 예상 문제를 대부분 예측하고 있어야 하며 학생들이 질문시에는 명확하고 간단한 답변을 할 수 있게 준비를 항상 갖추고 교육에 임해야 한다.

나. 필요에 따라 강의를 되풀이 한다.

만약 대부분의 학생들이 어떤 기본적인 요점을 알지 못할 것 같으면 교관은 모든 학생에게 설명과 시범을 다시 해주어야 한다. 그러나 소수의 학생만이 부가적인 설명을 필요로 할 때에는 조교가 그들 각 개인에게 또는 이들을 통합하여 별도로 설명해 줄 수도 있다.

다. 수준은 점차로 발전시켜야 한다.

학생들은 최초 실습 훈련시 교관의 엄밀한 감독하에 각 단계마다 철저하고 정확하게 실시하여야 한다.

학생들은 실습이 진행되어 감에 따라 점차적으로 숙달하게 되고 신속하게 할 수 있으며 교관의 조력은 점차로 적어지게 된다.

교관의 표준 실습 목표를 수립하여 목표에 도달할 때까지 반복하여 훈련을 실시해야하며 학생들에게 실습을 거듭하면 점차 발전해 나간다는 사실을 인식시켜 주어야 한다. 그렇지 않으면 실습시간은 단지 그들을 바쁘게 만들기 위한 것인 줄로만 인식하게 된다.

라. 현실적인 조건하에서 실시

모든 실습훈련은 실전을 방불케하는 전투상황에서나 또는 실제 상황에 적응할 수 있도록 현실에 부합시켜서 실시하여야 한다. 그러나 최초로 실습을 실시할 때는 현실적인 내용에 선행하여 원칙적인 내용을 제시 하는 것이 이상적이다.

왜냐하면 학생들이 원칙에 입각하여 정확하게 숙달되면 여러 상황에서도 보다 쉽게 수행할 수 있기 때문이다.

마. 모든 사항은 가르쳐 준대로 적용한다.

실습은 학생들의 정확한 행동과 절차를 반복하여 연습함으로써 완전을 기할 수 있다. 그러므로 교관은 학생들을 숙달시키기 위하여 교육시킨대로 정확하게 연습을 하고 있나를 항상 엄밀한 감독을 통하여 확인하여야 하며 이를 준수하지 않을 경우에는 즉시 시정해 주어야 한다.

바. 조력은 간접적으로 실시해야 한다.

만약 교관이 학생들에게 그들의 능력으로 실습문제를 해결하도록 교육한다면 실전에서 성공에 필요한 창의력 및 기지를 적용하는 등의 능력을 향상시킬 수 있다. 교관은 최초 실습이 끝난 후 학생들에게 간접적인 조력을 제공해 주어야 하며 학생들의 나쁜 습관을 시정하여 주며 그들의 기지를 개발하는 것을 장려해야 한다.

사. 끊임없는 감독을 실시하여야 한다.

교관은 실습간 학생들이 분주하다고 하면 학과 내용을 철저히 배우고 있다고 판단할 수 없으므로 다음과 같이 질문을 해보고 끊임없는 감독을 실시하여야 한다.

아. 다음단계를 시작하기 전에 전단계를 알아야 한다.

교관은 학생들의 실력을 시험하여 그 결과 한 과정에 숙달되었다고 판단하면 다음 과정을 넘어가야 하며 한 과정 실습시 동일시간에 작전절차, 원칙 혹은 문제 등 너무 많은 내용을 소개하여서는 안된다. 교관은 몇 가지 배운 것은 소개하고 이미 배웠거나 실습한 것에 대한 복습 및 강평을 실시하고 학생들에게 충분한 연습을 실시해야 한다.

※ 주: 교수 5단계중 제 2단계 강의 및 시범과 제 3단계 실습단계에서 교육은 이루어진다. 강의는 듣는 것인데 쉽게 망각할 우려가 있고, 시범은 보는 것인데 강의보다 오래 기억할 수 있으며 실습은 해봄으로써 알고 이해하게 된다. 따라서 교육시에 방법을 구상할 때 강의 및 시범보다 실습시간을 많이 할당하여 교육할 때 성과 있는 교육이 될 수 있도록 해야 한다.

제4절 시험단계

1. 개 요

시험단계란 교관이 학생들에게 실시한 학습의 결과를 점검하는 단계를 말한다.

2. 시험보는 이유

- 교육의 향상
- 학습에 대한 열성부여
- 등급을 결정
- 선택과 지도의 근거 마련

가. 교육의 향상을 돕는다.

교관은 시험을 실시함으로써 이해하지 못한 내용과 몰랐던 점 등의 결점을 발견할 수 있으므로 이를 재교육함으로써 학습을 연장시킬 수 있다. 학생은 시험을 통하여 오랫동안 기억하게 되며 더욱이 시험에 출제된 내용은 머릿속에 생생하게 남아있게 된다. 시험이란 학생들의 수준을 확인할 뿐만 아니라 교관의 교육방법에 관한 것도 확인하고 평가할 수 있다. 그러므로 교관은 시험결과를 분석하여 교관이 사용할 각종 교육방법이나 교수기술을 결정하는 등 교육의 개선을 도모하여 과목 내용에 대하여 전체적인 교육향상을 도모할 수 있다.

나. 학습에 대한 열성을 부여한다.

학생들은 배워야 한다는 책임감을 느낄 때 더욱 많이 배우려고 하므로 교관이 시험을 실시하게 되면 학생들에게 학습에 대한 열성을 갖게 한다. 즉, 시험을 자주 실시하면 학생들은 그 과목에 대하여 항시 주의를 기울여 더 많이 배우려고 한다. 그러나 시험 내용은 학생들에게 가르친 내용을 기준으로 출제되어야 한다. 예를 들면 교육영화를 상영할 때 학생들에게 시험을 실시한다고 자극을 주면 학생들은 더욱 주의를 기울여서 열심히 교육영화를 보게된다.

다. 등급을 결정한다.

시험을 실시하면 학생들의 능력을 평가하고 우열에 대한 등급을 결정할 수 있다. 시험 실시 결과 교관이 요구하는 성적에 미달하는 학생은 별도로 지도하여 수준을 향상시켜 주어야 한다.

라. 선택과 지도의 근거를 마련한다.

교관은 시험을 통하여 학생들의 실력을 측정할 수 있으며 그 결과로 학생에게 새로운 직책을 부여한다든가 또는 보수교육을 시켜야 한다. 또는 더 우수한 능력을 가진 자를 필요로 하는 직책에 승진시키느냐 등을 결정하는데 중요한 근거가 된다. 예를 들면 군에 새로 입대한 신병들에게 적성검사를 실시하여 이들의 적성에 알맞은 병과를 분류하는 것도 선택과 지도의 근거를 마련하는 방법의 하나이다.

3. 시험의 종류

- 구두시험
- 필기시험
- 실습시험
- 관찰시험

가. 구두시험

구두시험이란 교관이 학생들에게 간단한 구두로 질문하여 학생들의 학습정도를 즉석에서 점검하는 방법을 말하며 이는 학과 시간마다 실시하여야 한다. 질문 요령은 문제제시, 시간부여, 지명, 강평 순으로 하여야 한다.

나. 필기시험

필기시험이란 교관이 출제한 문제에 학생들은 이에 대한 답을 연필이나 볼펜으로 쓰며 그 결과를 채점하여 학생들의 학습정도를 점검하는 방법을 말한다. 필기시험은 학생들의 능력을 측정하는데 타 종류의 시험보다 중요시되며 이는 통상과

목이 종료된 후에 실시한다. 짧은 답을 요구하는 형식의 필기시험은 모든 시험의 기본이 되며 광범위한 과정에서 학생들의 지식을 신속히 측정하는데 더 가치가 있다. 필기시험으로도 학생들의 지식과 숙련을 응용하는 능력을 간접적으로 측정할 수 있다. 필기시험의 형태는 논술형, 선택형, 진위형, 구성형, 기재형, 완성형으로 실시한다.

다. 실습시험

실습시험이란 교관이 학생들에게 가르쳐 준 과정을 학생들이 실제로 수행할 수 있나를 즉석에서 점검하는 방법을 말하며 실습시험은 학생들에게 실제로 경험이나 체험을 시킨 후 현지에서 능력을 평가하는 것이 효과적이다. 교관은 실습시험에 의하여 학생들이 자기에게 부여된 문제를 얼마나 알고 있는가와 어떻게 수행하는가를 판정할 수 있다. 또한 학생들에게 어떤 사항에 대한 수리, 정비, 조작, 형성, 조립 분해 및 결합 등을 시켜 그들의 속도와 정확성을 점검할 수 있으며 학생들이 숙달된 지식을 응용하는 능력과 교육에 대한 적용성 등을 채택할 수 있다. 실습시험은 어떤 일을 실제로 할 때 당면하는 특수성을 어느 종류의 시험보다도 더 잘 밝혀낼 수 있으며 또한 학생들이 정비, 수리, 조립 혹은 분해를 하는 경우 확인 사항은 다음과 같다.

(1) 확인사항

- 그들의 도구를 효과적으로 사용하고 있는가?
- 모든 필요한 안전사항을 준수하고 있는가?
- 정확한 순서와 절차에 의하여 조작을 하는가?
- 일을 마친 후에 사용하던 도구를 적절히 취급하는가?

(2) 유의사항

- 시험문제를 출제하기 위하여 담당과정을 검토하여 어느 부분을 출제할 것인가를 결정한다.
- 시험에 필요한 도구, 장비 및 장소 등이 준비되어 있나를 검사한다.
- 시험과 현상태와 일치한가를 검토한다.

- 시험에 소요될 시간을 고려한다. 만약 모든 학생이 시험을 동시에 받을 수 없으면 시험을 받지 않는 학생들의 할 일을 계획한다.
- 시험을 치르는데 필요한 특별한 주의방법을 연출한다.
- 학생들이 알아들을 수 있는 어구를 사용하여야 한다.
- 채점용 점검표를 작성한다.
- 시험재료를 조교에게 주어서 모의시험을 실시해 보고 발견된 결함사항을 시정한다.

라. 관찰시험

관찰시험은 학생들의 개성 파악과 내무생활의 정도 등을 일정한 기간동안 관찰을 통하여 측정하는 시험으로서 능력과 행위는 여러단계로 나누어질 수 있다. 다른 형식적인 시험으로서는 학생들의 정도 여하를 측정하기 어려우므로 관찰방법은 각종 교육에 있어서 대단히 중요하다

(1) 관찰시 준수사항

- 관찰은 광범위하게 한다.
- 표준절차를 알고 있어야 한다.
- 정확하고 공평한 관찰을 한다.
- 점검표를 사용한다.

(가) 관찰은 광범위하게 한다.

관찰은 학생을 몇 가지 특성에만 의거하여 능력을 판단해서는 안된다. 과목의 전내용을 확실하게 판단하기 위하여 관찰자는 관찰하여야 할 중요한 모든 내용에 대한 일람표를 작성하여 광범위하게 관찰하여야 한다. 관찰자는 관찰할 각 요점에 관해서는 학생들이 오해나 의심을 갖지 않도록 장, 단점에 대하여 명시하고 정확하게 알려주어야 한다.

(나) 표준절차를 알고 있어야 한다.

학생이 실습을 하고 있을 때 관찰자는 실습을 진행하는 표준절차를 정확하게 알

고 있어야 하며 야전에서는 이를 고려하여 평가해야 한다. 개인의 특성을 고려하여 현재 및 장차 사용을 평가하여야 한다. 이러한 표준사항을 기타 다른 배경을 가진 교관들에 의하여 검토되어야 한다.

(다) 정확하고 공평한 관찰을 한다.

관찰자는 발생되는 모든 상황에 주의를 기울여야 한다. 그들의 의견이나 편견이 판단을 하는데 영향을 끼쳐서는 안된다. 또한 효과적인 판단을 위하여 관찰자들은 완전한 관찰결과를 관찰 점검표에 즉시 기입하고 채점해야한다. 관찰을 반복하면 모든 주요한 요소가 고려되는 확률이 높아지므로 여러 사람의 판단을 종합하여 평가하는 것이 효과적이다.

(라) 점검표(관찰 점검표)를 사용한다.

관찰자는 학생들을 효과적으로 관찰하고 중요한 내용이 누락되거나 중복되는 등 관찰자가 생각나는 대로 관찰하는 것을 방지하고 또한 동일한 내용을 여러 사람이 관찰하여도 내용의 통일을 기할 수 있도록 점검표를 사용해야 한다.

4. 시험의 특성

- 효과
- 신뢰성
- 객관성
- 우열식별용이
- 광범위한 출제
- 실시 및 채점용이

가. 시험은 효과가 있어야 한다.

시험문제는 누구나 중요하다고 인정되는 문제가 출제되어야 한다. 교관은 가능하면 언제나 자격 있는 다른 교관에게 그가 실행한 시험의 효과여부에 대한 의견을 묻는다. 시험결과는 효과적이고 근거 있는 채점을 실시하여야 한다.

나. 시험은 신뢰할 수 있어야 한다.

시험은 정확하고 모순 없이 채점되었을 때 신뢰할 수 있다고 말할 수 있다. 만약 시험을 실행할 때마다 똑같은 방법으로 채점을 하고 동일하게 영향을 미치면 이 시험은 대단히 신뢰할만한 것이다. 시험문제를 채점한 결과가 좋으면 이 시험은 신뢰도가 높은 것으로 판단할 수 있다. 시험에 출제되는 각 문제는 정확한 답변을 기재할 수 있도록 작성되어야 한다.

다. 시험은 객관적이어야 한다.

시험은 교관의 견해, 편견 혹은 개인적인 판단으로 채점하지 않을 때 객관적이라 할 수 있다. 필기시험은 객관적이라고 할 수 있으나 구두시험 및 관찰자시험과 같은 시험들은 주관적인 경향으로 치중하기 쉽다

라. 시험은 우열을 식별할 수 있어야 한다.

시험은 채점 결과 적은 차이라도 발견해서 기록 유지되어야 한다. 학생들의 순위를 결정하려고 시험을 실시할 때는 우열을 식별할 수 있도록 광범위하게 시험문제를 출제하여야 한다. 시험문제는 효과성, 신뢰성 및 객관성 등이 3위일체가 되도록 주도면밀하게 출제되어, 실시 결과 성적이 우수한 학생과 불량한 학생들을 구별할 수 있고 문제 자체의 쉽고 어려운 점을 발견할 수 있어야 한다.

마. 시험은 출제 범위를 광범위하게 하여야 한다.

시험문제는 학생들에게 시각을 넓혀주기 위하여 교관이 강의한 내용의 전 단계를 망라하여 중요 내용을 골고루 충분한 수의 문제를 출제하는 것이 이상적이다.

바. 시험은 실시 및 채점이 용이하여야 한다.

시험은 학생들이 각 문제에 대한 답을 해결하는데 최소한의 시간을 소요하도록 구성되어야 한다. 또한 시험의 각 문제는 교관이 짧은 시간에 능률적으로 채점할 수 있도록 주관적 문제보다는 객관적으로 구성하는 것이 효과적이다. 그러나 시험 실시 및 채점을 용이하게 하기 위하여 객관적인 문제만 출제하지 말고 학습 수준에 맞추어 주관적 문제도 적절히 출제하여야 한다.

5. 시험 실시 절차

학생들이 최선을 다할 수 있도록 기회를 마련해 주기 위한 시험 실시 절차는 다음과 같다.

- 시험재료를 준비한다.
- 조교를 잘 훈련시킨다.
- 가장 좋은 시험조건을 마련해 준다.
- 학생들의 시험착수를 순조롭게 한다.
- 신중하게 시행해야 한다.
- 강평을 실시한다.

가. 모든 시험재료를 준비한다.

시험 실시 전에 시험 답안지, 지시사항, 점검표, 도구, 볼펜, 색연필, 종이, 아스테이지, 기타 시험에 필요한 것은 모두 준비되었는가를 확인하여야 한다. 시험재료는 학생들이 시험장에 들어올 때에 배포하거나 시험이 시작되기 전에 배포한다.

나. 조교를 잘 훈련시킨다.

교관은 자신이 시험장내 분위기를 장악하고 있는 동안 조교가 시험재료를 배포하는 등의 기계적인 조력을 제공할 수 있도록 사전에 예행연습하여 훈련시킨다. 교관은 조교의 수를 소요시간과 시험생 인원에 따라 결정하며 이들이 학생에게 노력을 제공해 주거나 하는 등의 일을 실시할 수 있도록 사전에 계획을 수립하여야 한다. 실습 시험시, 교관은 사전에 조교들과 함께 시험내용을 검토하고 학생들에게 제공할 수 있는 조력의 회수 및 정도 그리고 조교들이 꼭 하여야 할 일 및 그들의 위치 등을 알려준다.

다. 가장 좋은 시험조건을 마련해 준다.

시험은 학생들이 평소의 실력을 충분히 발휘해야 하므로 잡음, 실내의 협소, 어두움 등 주의력을 산만하게 하는 모든 요소는 제거하여야 한다.(단, 실전 상황하에서의 숙달정도를 측정하기 위하여 실시하는 시험은 제외한다.) 시험장은 학생들이 좋은 기분으로 시험에 임할 수 있도록 좋은 시험 환경을 마련해 주어야 한다. 또한 학생들 각자가 규정을 위반하고 남의 것을 보는 일이 없도록 좌석을 준비하여 둔다. 학생들은 자기들 성적의 우열을 측정하게 되는 중대한 시험이므로 정신적으로나 신체적으로 사전에 충분히 휴식을 취하여야 한다. 누구나 장거리 행군이나 며칠 밤을 새워서 피로하거나 앓고 있는 학생은 시험을 제대로 치룰 수 없는 것이다. 역경하에서 각자의 지식과 반응을 알기 위하여 고의적으로 실시하는 시험은 제외다.

라. 학생들의 시험 착수를 순조롭게 한다.

학생들에게 평소의 강의시간에 임하는 마음가짐으로 착수하도록 해야 한다. 학생들의 마음을 편하게 하면 그들이 최선을 다할 수 있게 하여야 한다. 교관은 학생들이 시험에 대한 지시사항을 칠판에 기재하여 알아듣기 쉽게 표준말로 천천히 읽어주어야 한다. 읽은 후에 학생들의 질문에 응하여 의문사항이 없도록 해 주어야 한다.

마. 시험은 신중하게 시행해야 한다.

학생 각자의 실력을 최대한으로 반영시키기 위해서는 시험장 조건이 미치는 영향은 누구에게나 같아야 한다.

- 질서를 유지한다.
  학생은 누구를 막론하고 타인을 방해하거나 기타 방해되는 일을 하지 않게 한다.
- 시험시간을 정확히 지켜야 한다.
  사전에 시험 종료시간을 알려주어야 하며 시계를 비치하여 학생들이 항상 볼 수 있도록 한다.

바. 강평을 실시한다.

강평은 학생들이 잘 이해하지 못하고 있는 것을 설명해 주고 학생들이 학습과정에서의 간격을 메워주기 위하여 시험이 종료되었을 시 실시한다.

제5절 강평단계

1. 개 요

강평은 수업의 최종단계이다. 학과를 복습하도록 하며 수업 요점을 재강조한다. 시험이나 실습 후에는 반드시 강평을 함으로써 배운 학과에 대하여 무엇을 올바르게 하였으며, 무잇이 틀렸는가에 대한 확실한 이해를 할 수 있다.

2. 강평시 고려사항

- 상대방을 존중
- 과정수업과 관련
- 특별한 점을 망라
- 기본원칙을 강조
- 학생의 참여를 장려

가. 상대방을 존경하여야 한다.

강평을 실시할 때 교관은 학생들의 비위에 거슬리는 말을 해서는 안 되며, 한 개인을 상대하는 것 같은 감을 주지 않는 방법으로 강평을 해야 한다

나. 과목이나 과정수업과 관련시켜야 한다.

지금까지 배워온 것을 상기시키거나 방금 끝난 과목이나 한 과정의 일부분에 속하는 교육에 관련시켜 이에 연속된다는 것을 강조해야 한다.

다. 특별한 점을 망라하여야 한다.

사용된 절차, 한 개인이 갖고 있는 모범되는 독단성 혹은 기능과 과오의 종류 및 시정방법 그리고 기본적인 교육의 요점 등을 특별히 취급하여야 한다.

라. 기본원칙을 강조하여야 한다.

실습 특히 전술적인 문제를 해결한 다음에 실시하게 되는 강평은 문제의 해결방법이 단 하나밖에 없다는 인상을 주어서는 안 된다. 이러한 그릇된 관념을 갖게 되면 하나의 고정화된 해결방법을 채택하려고 하게 되며 원칙의 답을 추측하려고 하므로 자신의 창의력과 독자적으로 사고를 할 수 없는 결과를 초래하게 된다. 강평시는 한 상황에 있어서 사용할 전술적 기본원리를 강조하며 각 학생들이 답안 작성시 기본원칙을 완전히 효과적으로 적용 하였으며 혹은 기본원칙을 지켰는가의 근거를 두어서 강평 및 평가를 하여야 한다.

마. 학생의 참여를 장려한다.

어떠한 학습에서든지 대개의 경우는 주요점을 강조 및 설명하는데 도움이 되도록 학생들 중에는 자신의 경험을 설명할 수 있는 자가 있다. 한 학습의 토의를 잘 지도하면 학생들은 강평을 학습기간의 한 부분으로 생각하며 그들이 수행한 결과에 대한 강평자체를 위해서만 시간을 소비한다고는 생각하지 않게 된다.

3. 강평실시 절차

수업의 최종단계인 강평 단계는 다음과 같은 일반적인 절차를 따른다.

- 1단계: 목적을 재설명
- 2단계: 요점 강조
- 3단계: 실습 및 시험결과 평가
- 4단계: 학생들의 토의를 지도
- 5단계: 요약한다.

가. 제 1단계: 목적을 재설명한다.

강평시간에는 과목의 배운 목적을 재설명하여 줌으로써 학생들이 모두 강의시간과 같은 생각을 공통적으로 갖게 된다. 이렇게 함으로써 학생들이 과목의 특수내용에만 관심을 갖게 되거나 지금까지 배운 목적을 잊어버리는 것을 방지할 수 있다.

나. 제 2단계: 요점 강조

이 단계에 있어서는 목적을 달성하기 위하여 수업의 요점을 간단하게 요약한다. 실제 연습을 끝마친 후 참가자들의 활동에 대한 설명과 동일 목적을 위하여 각자는 어떻게 하였다는 것을 설명해 줌으로써 우리가 수행한 것이 도대체 무엇에 관련된 것인가, 우리는 무엇을 했나, 그 큰 활동 중에서 내가 한 역할은 무엇이었던가와 같은 학생들의 의문을 해명하여 주게 된다.

다. 제 3단계: 실습 및 시험결과를 평가한다.

이 단계에서는 실습 및 시험간 과오를 평가해주는 과정으로 교관은 실습 및 시험에 있어서의 장점을 지적하면서 토의한 단점을 꺼내어 이를 회상키 위한 특별한 암시를 해주어야 한다. 학생들의 실력이 낮다고 무시하거나 낮추거나 학생들의 능력 이상의 실습 효과를 기대하는 것은 피해야 한다.

라. 제 4단계: 학생들의 토의를 지도한다.

학생들은 교관이 지적한 점에 대하여 토의할 것을 장려하여야 한다. 학생들이 토의 하고자하는 기타사항이 있다면 교관에게 제안할 수 있도록 하며 교관은 이에 대한 건설적인 강평을 들려주어야 한다.

마. 제 5단계: 요약한다.

강평의 끝을 맺을 때는 학과에서 취급된 각 요점을 간단하게 그리고 광범위하게 요약한다. 학생들의 부족한 점을 연구 및 연습할 것을 지시할 수 있다. 강평은 질서 있게 논리적으로 잘 하여야 하며 열광적인 연설같이 하여 강평의 의의를 잃게 해서는 안된다.

제5장

교관 임무 수행 절차

제5장

교관 임무 수행 절차

제1절 개 요

1. 교관임무수행절차란?

교관은 교육훈련 관리절차에 의해서 모든 훈련을 준비하고 실시, 평가를 하게 되는데 이러한 일련의 과정을 교관 임무수행절차라 한다. 교관 임무수행절차는 어떠한 순서를 정해서 이루어지지는 않으나 일반적으로 다음과 같은 절차에 의해 실시된다.

훈련준비

훈련실시(지도)

훈련평가

단 계	주요 수행 업무
훈련준비	• 훈련임무 확인 • 교안 / 실습계획표 작성 • 훈련자원 획득 / 제공 • 훈련장 준비 • 조교 및 대항군 운용준비 • 훈련전 연구강의 • 예행연습 및 훈련임무 수행계획 보고 • 훈련상황 조성 • 훈련협조회의 • 선간부교육 • 현장지도 및 감독준비

단 계	주요 수행 업무
훈련실시	• 도입(서론) • 전개(지도 및 진행) • 강평
훈련평가	• 훈련평가(내, 외부) • 사후검토 • 성과분석

제2절 훈련준비

1. 훈련준비란?

교관이 상급지휘관으로부터 부여된 훈련임무를 보다 효율적으로 수행하기 위해 구체적으로 필요한 사항을 준비하는 과정이다.

즉, 훈련을 하기 위해 제한사항이 무엇이고 이를 해소하려면 어떻게 할 것인가를 구상하여 실습계획표를 작성하고, 예행연습을 통해 교수기술을 숙달하며 훈련에 필요한 각종 자원 등을 사전에 준비하는 것으로 주요 수행업무는 다음과 같다.

2. 훈련준비시 수행업무

- 훈련 임무확인
- 교안 / 실습계획표 작성
- 훈련자원획득/제공
- 훈련장 준비
- 조교 및 대항군 운용준비
- 훈련전 연구강의
- 예행연습, 훈련임무수행 계획보고
- 훈련상황조성
- 훈련협조회의

- 선간부교육
- 현장지도 및 감독준비

훈련임무 확인

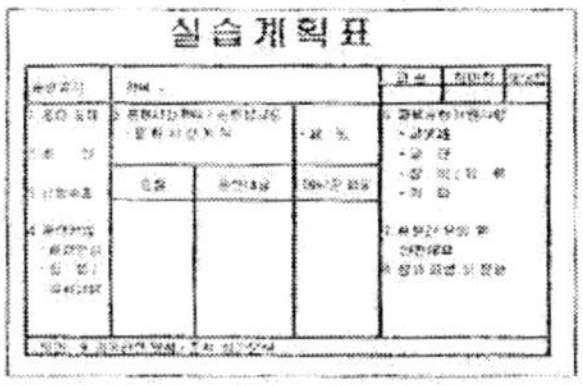

교안/실습계획표 작성

훈련자원 획득/제공

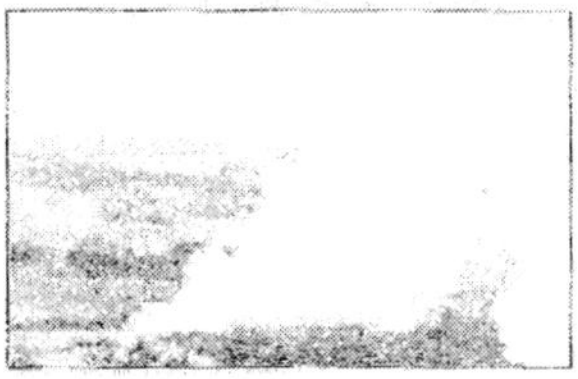
훈련상황 조성

예행연습/연구강의

조교/대항군 운용준비

가. 훈련임무 확인

교관이 훈련을 실시하기 위해서 먼저 자기 부대의 훈련임무를 확인해야 하는데 이러한 훈련임무는 지휘관이 작성한 각종 훈련 계획을 통해서 확인 할 수 있다.

구 분	교관 확인사항
순환주기 / 월간훈련계획	• 순환주기 내 어떠한 훈련을 할 것인가? 하는 세부훈련내용 판단 • 수행해야 할 훈련과목(교제)에 대한 사전 연구 ※ 개략적인 훈련임무 확인
주간훈련 예 정 표	• 자신에게 부여된 교관임무 확인 - 중대장의 훈련의도, 세부훈련과제 및 훈련, 방법, 시간, 장소 등 ※ 구체화된 훈련임무 확인

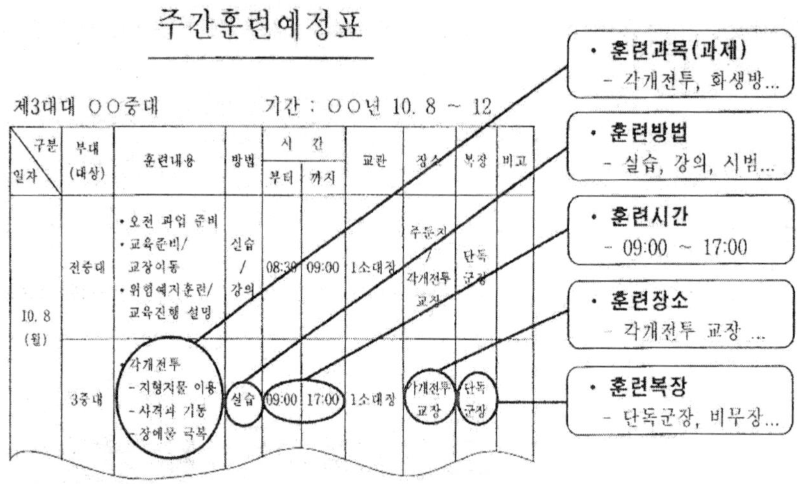

나. 실습계획표 작성

중(소)대급에서 병 훈련, 분·소대 전투기술훈련을 실시하기 위하여 해당 교관이 주간훈련예정표를 기초로 작성하는 세부훈련통제계획이자 훈련지침서이다.

(1) 작성시기

- 매 훈련시마다 작성하는 것이 원칙이다.
- 기 작성된 실습계획표를 변경사항만 수정 또는 보완하여 활용 가능하다.
- 훈련내용이 새롭게 추가되거나 변경소요가 많은 경우에는 실습계획표를 재작성한다.

(2) 작성책임

구분	소대 전투기술/ 중대 전투훈련	분대 전투기술	병 훈련
책임관	중대장	소대장	해당 교관

실습계획표 작성시 고려사항

- 부대임무, 적 상황, 지형 및 기상, 훈련부대, 훈련수준, 가용 시간 및 민간요소 등을 고려해야 한다.
- 침투 및 국지도발 대비작전, 전쟁시 지상작전 등 작계시행 훈련시는 실습계획표를 작성하지 않고 개인임무카드나 전투세부시행규칙을 적용하여 훈련한다.
- 간부교육 전에 작성하여 간부교육을 통해 사전 충분한 토의와 과목연구 등으로 숙지할 수 있도록 하여야 한다.

(3) 실습계획표 포함사항 / 작성요령

교 관	중대장	

과 목 : 　　　　일시 : 월 일 : ~ (H)

<table>
<tr><td rowspan="3">1. 훈련중점

2. 조건
(실전적인 훈련을 유도하기 위한 상황조성)

3. 요망수준(기준)

4. 훈련방법
(편성, 진행/실시요령)</td><td colspan="3">5. 훈련시간계획/훈련장요도</td><td></td><td colspan="2">6. 교육훈련 지원사항
(교관 사전 준비사항)

7. 훈련간 유의할 안전대책
(훈련개시전 강조)

8. 참고교범 및 문헌</td></tr>
<tr><td>중 점</td><td>훈련내용</td><td>교관/대항군 행동</td><td>중 점</td><td>훈련내용</td><td>교관/대항군 행동</td></tr>
<tr><td></td><td></td><td></td><td></td><td></td><td></td></tr>
</table>

(가) 제1항 훈련중점

"무엇을 훈련시킬 것인가?" 하는 훈련시킬 과목의 중점사항을 기록한다.(주간훈련예정표의 훈련명칭이나 내용을 기재) 훈련중점은 중대장의 주간훈련예정표의 훈련내용에서 도출 할 수 있으며 주간훈련예정표에 명시가 되어 있지 않을 경우는 지난 훈련의 성과분석 결과를 참조하여 우선순위에 의해 훈련중점을 선정한다.

구 분	방 법	작 성 요 령
과목형 훈련시	훈련 명칭 명시	위장 및 흔적 인멸 장애물 극복
전술훈련시	과제번호 / 명칭 명시	

(나) 제2항조건(실전적인 훈련을 유도하기 위한 상황 조성)

"실전적인 훈련을 유도"하기 위한 훈련상황을 어떻게 조성할 것인가를 명시한다.

※ 작성시 참고사항

METT + TC 요소를 고려하여 작성한다.

종합전투력 측정지침서Ⅱ 및 전술훈련 평가지침서의 상황(조건) 평가중점, 요망수준(기준)등을 기초로 부대임무 및 특성과 여건에 맞도록 작성한다.

(다) 제3항 요망수준(기준)

개인이나 부대가 부여된 임무를 완수하기 위하여 달성해야 할 수준의 제시하는 것으로 부대임무, 특성, 여건 등을 고려하여 명확하고 실천 가능한 훈련목표를 제시한다.

※ 제2항 조건과 동일하게 종합전투력 측정지침서 및 전술 훈련평가 지침서를 기초로 작성한다.

(라) 제4항 훈련방법 (편성, 진행 및 실시요령)

훈련을 어떻게 편성하여 진행할 것인가를 구상하여 기록하는 것으로 훈련조 편성, 훈련진행 및 실시요령을 구분하여 작성한다.

1) 훈련편성

훈련편성은 조교운용, 실습조 편성, 대항군 운용으로 구분하여 기록한다.

구분	작성요령
 조교 편성	• 교관이 훈련을 진행하는데 필요한 인원수를 명시한다. ※ 개인훈련숙달자로 선정 (실습조 고려)
 실습조 편성	• 가용시간, 장소, 훈련인원을 고려하여 학습수준별로 편성한다. ※ 전장상황을 고려 건제유지 훈련이 바람직하다.
 대항군 편성	• 훈련을 실전적으로 진행하기 위해 운용되는 부대와 인원을 기록한다. ※ 개인훈련시: 훈련숙달자 중 선정 ※ 전술훈련시: 인접 및 지원부대 지원

2) 훈련진행 및 실시요령

훈련진행 및 실시요령은 훈련이 진행되는 순서대로 주요 핵심사항을 기록한다.

구 분	작 성 요 령
훈련진행 개 요	• 훈련중점별로 훈련이 어떻게 진행되는지 훈련중점별로 부여할 사항, 병사의 조치내용, 교관의 지도중점 등을 기록한다.
조교 / 대항군 임무부여 및 배치	• 훈련중점별로 상황 및 여건을 조성하기 위한 조교와 대항군의 행동, 위치와 임무, 교령 등을 기록한다.

(마) 제5항 훈련시간계획 및 훈련장 요도

1) 훈련시간 계획

훈련시간계획은 훈련이 진행되는 순서대로 훈련시간과 훈련중점, 통제내용을 기록한다.

※ 무리한 시간계획보다는 시행 가능한 계획을 작성한다.

2) 훈련장 요도

• 훈련장 요도는 훈련과목(제)에 대한 세부훈련 진행과정을 실전적으로 통제 및 실시할 수 있도록 구체적으로 작성한다.

• 작성요령

- 훈련이 진행되어 가는 순서와 방향에 따라 도식한다.
- 실습조별 훈련내용과 행동요령 등 훈련방법을 쉽게 알아 볼 수 있도록 군대부호와 범례를 활용하여 일목요연하게 기록한다.
- 요도에 도식할 요소는 세부과제별 실습장 위치, 실습조 편성, 배치, 교관, 조교 및 대항군의 위치, 방위각, 범례 등이다.
- 요도는 실 지형에 맞게 현지지도, 사진, 약도 등을 활용하여 기제한다.

(바) 제6항 교육훈련 지원사항

교육훈련 지원사항은 교관이 훈련 전에 준비해야 할 교보재, 장비, 교탄 및 유류, 기타 훈련복장, 전투근무지원요소, 군의관 및 위생병의 위치, 교령 등을 기록한다.

구 분	작성요령
교 보 재	• 훈련간 사용할 교보재 품명 및 수량을 표시 • 과제별 소요 교보재의 세트(Set)화 관리 / 활용
장비지원	• 훈련에 소요되는 화력, 기동, 일반장비, 통신 장비를 기준 • 과목(제)별 소요 장비 세트(Set)화 관리 / 활용
교탄/유류	• 소요되는 교탄 및 3종 소모 요구시 판단량을 기준
기 타	• 교육훈련을 위해 상급부대로부터 특별히 지원 받아야 할 사항

※ 표준실습계획표의 기준수량을 적용하되 훈련여건을 고려하여 담당교관이 추가 또는 삭제 가능하다.

(사) 제7항 훈련간 유의할 안전대책

• 훈련간 유의할 안전대책은 훈련실시간 예상되는 안전저해요소를 사전에 예측하여 대비하기 위해서 구상한다.

• 과목(제)의 성격, 훈련장 여건, 교보재, 교탄의 사용, 계절적 요인 등을 고려한 위험예지 차원의 안전대책에 관한 사항을 기록한다.

(아) 제8항 참고교범과 문헌

• 참고교범과 문헌은 훈련준비 및 실시간 필요한 참고교범명과 문헌의 제목, 장, 절, 쪽 수를 기록한다.

• 타 교관이 작성한 실습계획표를 가지고 교육 할 수 있도록 작성하는데 차후 과목연구 및 의문사항 해결에 도움이 되도록 구체적으로 작성한다.

예) 야교21-36「각개전투」제3장 주간각개전투 2절 공격전투(36쪽)

(자) 제9항 과목관련 원·준칙

• 훈련간 필요한 원칙적인 내용을 요약하여 기록하되 "무엇을", "어떻게", "왜"에 주안을 두고 기록한다.

• 과목관련 원·준칙은 실습계획표 이면에 기록하며, 메모식 교안으로 대체할 수도 있다.

• 여백에는 훈련참석 현황, 평가결과 등 성과분석 내용을 요약하여 기록한다.

다. 훈련자원 획득 / 제공

- 실전적인 훈련상황 조성과 훈련성과를 극대화하기 위하여 사용하는 교육보조 재료와 장비는 매 훈련시마다 가용한 것이 아니므로, 소요를 정확히 판단하고 획득여부를 확인해야 한다.

  ※ 훈련장과 훈련자원 등은 실습계획표 작성시 실습조 편성, 시간사용계획, 대항군 운용계획의 기초가 되므로 정확히 판단되어야 한다.

(1) 교탄

- 교탄의 사용계획을 확인하여 사용할 정확한 수량을 판단한다.
- 간부에 의해 직접 수령, 분배, 사용통제 및 반납해야 한다.

사용량 판단
- 교탄 사용계획
- 순환주기 훈련계획

→

교탄 신청
- 중대 행정보급관

↓

교탄 수령
- 대대 군수장교(탄약담당관)

※ 대대 탄야고

←

사용 / 반납
- 대대 군수장교(탄약담당관)

※ 대대 탄야고
(야간: 대대 간이탄약고)

※ 부대 여건 및 상황에 따라 적용한다.

(2) 교보재

• 교보재는 대대 및 중대에서 훈련과목 또는 과제별로 세트화하여 통합 보관 및 관리한다.

• 교보재를 사용 후에는 반드시 정비하여 반납하여야 한다.

사용량 판단
• 교육훈련지원 지침서를 기준으로 판단

→

교보재 신청
• 중대 행정보급관

↓

교보재 수령
• 중대 보유품목: 행정보급관
• 대대 보유품목: 대대 교육지원 담당관

←

사용 / 반납
• 중대 보유품목: 행정보급관
• 대대 보유품목: 대대 교육지원 담당관

라. 훈련장 준비

• 훈련장은 훈련내용, 가용시간, 편의성, 민원요소 등을 고려하여 선정한다.

• 훈련내용은 상황(조건), 요망수준(기준), 훈련방법에 따라 훈련할 수 있는 곳을 선정한다.

• 가용시간에 따라 훈련시간을 최대한 보장하기 위하여 훈련준비를 위한 이동시간, 훈련지원 소요시간 등 기타 소요시간을 최소화할 수 있는 훈련장을 선정한다.

• 편의성은 훈련지도 및 감독, 통제, 평가 등 제반 활동면에서 훈련장의 제반 여건이 갖추어져 있는지를 고려한다.

• 민원요소는 대민피해, 환경오염요소 등을 고려한다.

마. 조교 / 대항군 운용준비

- 조교 및 대항군은 훈련의 성과와 효율성을 향상시키기 위해 훈련과목의 특성, 훈련장 여건, 훈련수준을 고려하여 선정한다.
- 조교 및 대항군은 교관의 별도 지시나 통제가 없어도 세부적인 담당분야를 스스로 할 수 있도록 사전에 숙달시켜야 한다. 즉, 과업이나 행동절차, 위치, 교령 등을 사전에 지정하여 훈련장에서 숙달시킴으로써 맡은바 임무를 수행할 수 있도록 2~3일 전까지는 완료해야 한다.

  ※ 행동절차 및 요령, 위치, 통신방법, 우발상황 조성요령 등은 선간부교육시 포함하여 확인하고 점검한다.

(1) 조 교

- 조교는 각종 시범, 훈련지도 및 대항군 임무 수행, 피교육자 인솔, 교보재 관리 등의 다양한 임무를 수행하는 교관의 보조자이다.
- 조교는 개인훈련 숙달자로 임명하며 병 기본훈련시 행동요령에 대한 시범 및 지도, 불합격자에 대한 개별지도 등의 능력을 구비하도록 하여야 한다.

(2) 대항군

- 대항군은 부대가 일방형 전술훈련을 실시할 경우 적이 있는 실전적 훈련을 통해 훈련의 성과를 향상시키기 위하여 운용한다.
- 대항군의 규모는 훈련과목 및 과제, 훈련부대 규모, 훈련방법에 따라 증감되며 병 기본훈련 및 분 소대 전투기술 훈련시에는 해당 중대에서 자체적으로 구성하여 운용된다.

바. 훈련전 연구강의(研究講義)

연구강의란 훈련과목이나 과제를 부여받은 교관의 훈련준비 상태를 지휘관이 확인 및 점검하는 방법으로 연구강의시 착안사항은 다음과 같다.

- 보고 주안점: "무엇을", "어떻게" 훈련할 것인가?
- 보고 장소: 훈련장이나 현지에서 실시
- 지휘관 확인사항

- 훈련준비상태 (메모식 교안, 실습계획표, 교장 및 교보재 등)
- 교관의 훈련내용 이해 및 숙지 여부
- 훈련진행의 타당성: 실습조 편성, 교보재 준비 및 활용, 조교 및 대항군 운용
- 실기실습 지도능력 점검

※ 연구강의시 지휘관의 추가적인 훈련지침은 교육훈련에 반드시 반영되어야 하며, 훈련실시 전까지 관련분야의 내용을 수정 및 보완해야 한다.

※ 연구강의시 유의사항

- 과목(제) 연구 및 훈련수준
- 실습계획표의 실효성
  - 훈련목표 및 중점, 상황조성 방법, 세부훈련진행
- 훈련장 및 교보재, 교탄 활용계획
- 조교 및 대항군 운용계획
- 훈련간 안전대책
- 기타 우발상황 대비책

사. 예행연습(豫行演習) 및 훈련임무 수행계획 보고

(1) 예행연습

예행연습이란 부여된 훈련임무를 위하여 작성된 실습계획을 실제로 사전에 연습하는 것으로 예행연습시 착안사항은 다음과 같다.

- 실습계획표의 내용대로 훈련이 가능한가 여부 확인 및 점검
- 교관과 조교, 대항군간의 보조
- 미흡분야 보완 및 숙달

※ 예행연습시는 현장에서 교육을 하는 것과 같이 반복적인 연습을 통해 훈련지도능력을 숙달해야 한다.

(2) 훈련임무 수행계획 보고

교관은 모든 훈련준비가 완료되면 훈련장의 중복여부 등 전 분야에 걸쳐 최종점검을 실시한 후 지휘관에게 보고를 해야 한다. 훈련임무수행계획 보고는 대대급 이하 제대에서는 일일결산이나 주간회의, 기타 가용시간 등을 활용하여 실시한다.

- 실습계획표에 의한 훈련개요, 훈련목표 및 중점
- 훈련상황 조성방안
- 측정식 합격제 훈련방안
- 시간사용계획
- 합격자 및 저조자 조치방안, 안전대책
- 연구강의시 지휘관의 추가지침 반영결과
- 예행연습결과의 수정 및 변경된 훈련내용

아. 훈련상황 조성

가장 효과적인 훈련은 실전과 같은 훈련을 하는 것이다. 이는 부대훈련이 지향하는 최종목표이다. 그러나 현실적으로 많은 제약이 따르기 때문에 가능한 한 실전과 유사한 상황이나 조건하에 훈련함으로써, 훈련을 통해 전투감각을 익힐 수 있도록 해야 한다.

※ 야전에서 상황 및 조건을 조성하는 방법에는 대항군 운용, 교령, 메시지카드, 작전명령 등을 이용하는 방법이 있다.

<table>
<tr><th colspan="2">구분</th><th>운영방법</th><th>고령 “예”</th></tr>
<tr><td colspan="2">실제 행동</td><td>• 대항군
(적 복장/
장비)</td><td>• 실제 병력 수 또는 가상 적으로 판단
(소총 1개 분대: 적 1개 소대)</td></tr>
<tr><td rowspan="5">교령</td><td>공포탄</td><td rowspan="4">• 교령 적용</td><td>• 적 사격</td></tr>
<tr><td>크래카</td><td>• 적 포탄 낙하</td></tr>
<tr><td>실 물
교보재</td><td>• 지뢰지대 표시 화이바: 지뢰지대
• 훈련용 수류탄: 피 · 아 수류탄
• 대인지뢰: 아 대인지뢰
• 북한군 반전차 지뢰: 적 반전차 지뢰</td></tr>
<tr><td>수 기</td><td>• 적 색: 적 단도화기
• 황 색: 가스지대
• 녹 색: 적 포탄 낙하
• 청 색 (3/4t 차량): 적 전차</td></tr>
<tr><td>확성기</td><td>• 녹음테이프</td><td>• 적기 내습: 비행기소음, 사격소음
• 적 전차 출현: 전차소음</td></tr>
</table>

구분	운영방법	고령 "예"
구 두	• 구두(육성)	• 적 폭탄 낙하: 적 포탄 낙하
메시지 카드	• 그림 및 글씨	• 메시지 1호: "가"지점에 적 전차 3대 출현

자. 훈련협조회의

훈련협조회의는 훈련제대의 1차 상급지휘관 책임하에 지속적으로 실시하며, 훈련에 참가할 모든지원 · 배속부대와 훈련부대 대표자가 참가하여 상 · 하급 제대간, 타군 및 인접부대간에 협조해야 할 제반사항을 토의하고 필요한 내용을 조정 · 통제한다.

※ 훈련협조회의를 주관하는 부대는 참가하는 인원들이 협조할 사항에 대해 사전에 준비할 수 있도록 필요한 자료를 전파한다.

차. 선간부교육

선간부교육은 중대급 이상 제대에서 훈련성과를 극대화하고 훈련 실시간 시행착오를 최소화하기 위하여 훈련 전에 제대별 간부들을 대상으로 실시하는 교육이다.

※ 중대급은 훈련과목(과제)에 대한 연구발표와 지형정찰, 지휘조 기동훈련 등을 실시한다.

카. 현장지도 및 감독 준비

- 현장지도란 각급 제대 지휘관 및 참모가 예하부대의 교육훈련 현장에 동참하여 교육훈련 실태를 직접 확인하고, 지휘관의 전술개념을 전수할 수 있도록 실시하는 지도활동이다.
- 감독이란 예하부대가 상급부대 규정, 지시 및 지휘관 의도에 맞게 훈련을 실시하고 있는가를 교육훈련 현장에서 확인하는 지도활동을 말한다.

※ 중대장은 사전에 관련교리, 훈련의 주요국면 및 내용 등을 연구한 후 충분한 시간동안 계도식 현장지도를 실시할 수 있는 능력을 구비해야 한다.

제3절 훈련실시

1. 훈련실시란?

훈련실시는 각개병사나 지휘관(자), 부대로 하여금 부여된 임무를 수행할 수 있도록 계획된 훈련을 실시하여 그 능력을 갖추는 단계로서 준비단계에서 계획한 훈련에 필요한 자원이나 훈련지침, 성과분석, 평가결과를 기초로 하여 실시한다.

※ 훈련실시단계에서 교관은 계획된 훈련목표를 달성하기 위한 훈련방법과 교육훈련의 성과를 높이기 위한 교수기술을 적용하여 교육훈련을 지도하고 통제할 책임이 있다.

2. 도입(서론)단계

교육을 처음 시작할 때 교관은 부대원들이 교육훈련에 전념 할 수 있는 분위기를 조성한 후 훈련을 실시해야 한다. 도입부를 진행할 때 포함사항은 다음과 같다.

- 훈련의 목적과 중요성 제시
- 훈련진행절차 소개
- 요망수준 제시
- 기타 훈련간 안전사항

가. 훈련의 목적과 중요성 제시

교관이 실습에 앞서 교육훈련의 목적과 이유, 중요성을 명확하게 제시하면 부대원 스스로가 필요성을 인식하여 적극적인 자세로 훈련에 임하게 된다.

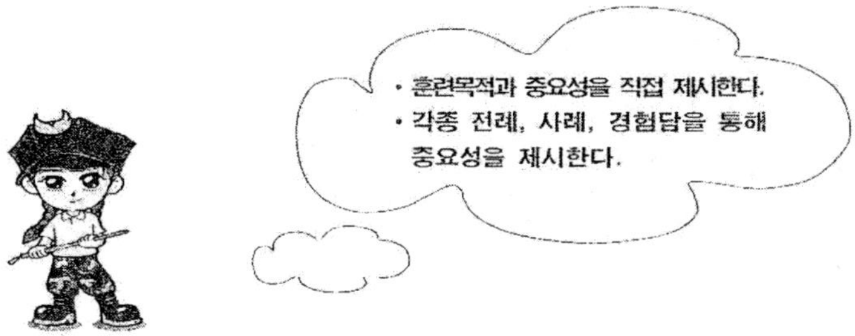

나. 훈련진행절차 소개

교관은 실습에 앞서 훈련진행방법과 절차를 알려줌으로써 부대원의 훈련진행에 대한 궁금증이나 불안감을 해소 하고 마음의 준비를 갖도록 할 수 있다.

※ 훈련진행절차는 실습계획표 제4장 훈련진행 및 실습계획표을 참조하여 훈련 조별 진행절차를 소개한다.

※ 교관은 훈련시작 전에 부대원들의 주의를 집중시켜야 한다.

- 계절, 날씨, 최신 뉴스 등 다양한 소재를 활용하여 자연스럽게 상호 교감을 나눔으로써 학습분위기를 조성할 수 있다.

다. 요망수준 제시

교관은 실습에 앞서 훈련을 통해 달성해야 할 목표를 사전에 제시함으로써 부대원들의 책임감을 자극하여 스스로 목표 지향적인 훈련이 되도록 유도해야 한다.

※ 요망수준은 실습계획표 제3항 요망수준을 제시한다.

라. 기타 훈련간 안전사항

교관은 실습에 앞서 훈련간 발생할 수 있는 모든 안전위해요소를 확인하여 부대원들에게 알려줌으로써 훈련시에 발생할 수 있는 사고를 미연에 방지하고 훈련에 전념할 수 있도록 분위기를 조성해야 한다. 특히. 사전확인한 안전사항 외에도 훈련 당일 반드시 위험예지훈련을 통해 안전위해요소를 제거 하고 훈련을 하여야 한다.

※ 훈련간 안전사항은 실습계획표 제6항을 참조한다.

3. 전개(지도 및 진행)단계

실습간에 교관은 훈련현장에서 부대원의 전술적 행동 및 조치를 지도하여야 한다. 이를 위해 실전적인 훈련 유도를 위한 훈련 상황 조성 및 교보재 등을 사전에 설치해 놓아야 하며 실습 간에는 다음과 같은 방법으로 지도한다.

- 핵심내용 교육
- 현 상황 설명 및 교육
- 현장 확인 및 지도

가. 핵심내용 교육

부대훈련은 실습위주 훈련으로 진행되지만 부대원의 망각주기나 신병들의 훈련 수준을 고려해서 실습 전에 핵심내용에 대한 교육을 하는데 지난 훈련결과에 대한 미흡분야나 실습전 핵심 사항에 대한 교육을 실시하며 교육방법은 다음과 같다.

- 설명식 강의(교관 설명)
- 시범식 교육(조교시범, 교보재 활용)

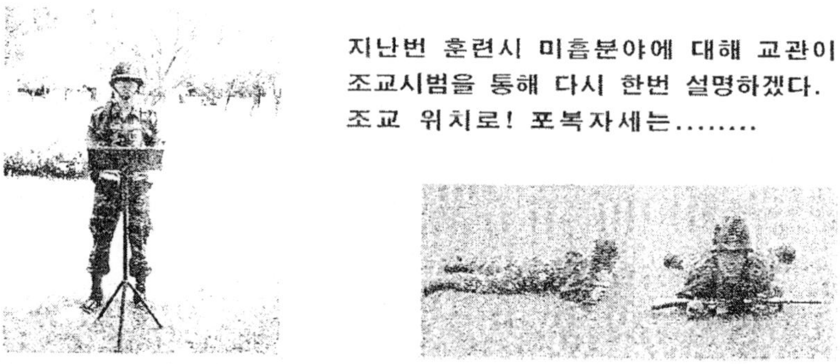

핵심내용 교육시 유의사항

- 핵심내용 교육은 5~10분 이내로 간략하면서 꼭 필요한 내용 위주(행동절차나 주의사항)로 요약 강의한다.
- 교관설명시 지시봉은 꼭 필요한 경우에만 사용한다.

나. 현 상황 설명 및 교육

부대원들이 훈련상황에 봉착하면 교관은 현장에서 현 상황에 대한 설명을 해줌으로써 부대원들이 "무엇을" 훈련하고, "어떻게" 조치 및 행동할 것인가를 알게 해준다.

※ 필요시 지형을 고려해 집합을 시켜서 설명할 수 있다.

다. 현장 확인 및 지도

부대원이 현 상황에 대해 조치 및 행동을 할 때 교관은 현장에서 개인별로 잘못된 점을 시정해 주거나 수사적 질문 등을 통해 훈련에 대해 정확하고 올바르게 숙달하도록 지도하여야 한다.

훈련진행간 교관 유의사항
• 과장하여 설명하지 않는다. • 욕설이나 저속한 용어는 사용하지 않는다. • 부하들을 무시하거나 조롱하지 않는다. • 교육에 대한 열의와 신념을 견지한다.

4. 강평단계

강평이란 실시된 훈련성과에 비추어 차후의 발전을 위한 교관의 의도를 부대원에게 주지시키는 교육훈련의 최종단계이다. 강평은 논리정연하고 간단명료하게 하되 칭찬과 격려로서 차후 훈련에도 의욕을 가지도록 배려해야 한다.

※ 강평은 차후 교육훈련의 중요한 근거와 방향을 제공하는데 특히, 훈련현장에서의 실습후 강평은 훈련요점을 재강조해주고 훈련내용에 대한 장·단점을 알 수 있게 해주는 중요한 요소이다.

가. 강평요령

- 훈련의 목적과 중요성을 재강조 한다.
- 훈련내용의 요점을 재강조
- 실습 및 측정결과를 알려준다.

• 부대원들의 적극적인 토의를 유도한다.
• 전반적인 훈련결과를 요약 정리한다.

(1) 훈련의 목적과 중요성을 재강조 한다.

• 강평을 통해 훈련의 목적과 중요성을 재강조하는 것은 부대원들에게 훈련의 성과를 장기간 유지시키기 위함이다.
• 교관이 훈련의 목적과 중요성을 어떻게 주지시키느냐의 여부에 따라 훈련성과와 부대원들의 관심정도가 결정되기 쉽다.

(2) 훈련내용의 요점을 강조한다.

훈련에 대한 요점을 강조함으로써 부대원 스스로가 잘못된 점을 시정할 수 있고 전반적인 훈련의 흐름을 인식하게 된다.

(3) 실습 및 측정결과를 알려준다.

부대원들에 대한 정확한 수준 판단은 교육훈련의 성과를 가늠하는 잣대가 되며 차후 훈련계획을 작성하는 자료가 된다.

부대훈련은 조건반사적인 행동을 유발시키기 위하여 반복적인 훈련을 하기 때문에, 훈련의 최종단계인 강평을 통해 개인이나 부대의 장·단점과 수준을 알려줌으로써 지속적으로 훈련수준을 향상시킬 수 있다.

(4) 부대원들의 토의를 적극적으로 유도한다.

강평시 훈련결과에 대한 토의를 활성화시켜 부대원의 건설적인 제안을 도출하고 훈련간 문제점과 보완시킬 사항을 스스로 느끼게 하여야 한다.

(5) 전반적인 훈련결과를 요약 정리한다.

강평의 끝을 맺을 때는 훈련 전 분야에 대해서 결과에 대한 요점을 정리해 두어야 한다. 그래야만 잘못된 점을 시정할 수 있고 차후 훈련계획에도 반영할 수 있다.

강평은 교육종료 후 하는 것이 아니라 교육의 일부로서 부대원들에게 교육 내용을 요약하고 상기시켜 주는 중요한 요소이므로 교관은 강평의 요령과 시기, 내용에 대하여 관심을 가져야 한다.

제4절 훈련평가

1. 훈련평가 단계

훈련평가단계란 개인 및 부대에 대하여 설정된 목표의 달성여부를 파악하는 과정이다. 이러한 훈련평가단계에서 훈련평가(내·외부), 사후검토, 성과분석 등의 활동이 이루어진다.

※ 평가중점은 훈련목적과 목표달성 여부를 점검하는데 적합해야 하며 전반적인 훈련성과를 판단할 수 있도록 선정되어야 한다.

가. 훈련평가

훈련평가는 내부평가와 외부평가로 구분하며 평가책임 지휘관은 종합 전투력 측정지침서 및 전술 훈련 평가지침서를 토대로 부대별 임무에 부합된 핵심과제를 별도로 선별, 적용함으로써 "싸우는 방법 = 훈련방법 = 평가방법"이 일치되도록 해야 한다.

(1) 평가유형별 시기 및 책임관

- 내부평가: 훈련시 교관에 의한 평가
- 외부평가

구 분		시 기	책임관
병 기본 / 주특기훈련	개인훈련평가	반기 1회	중대장
	종합전투력 측정	연 1회	2단계 상급지휘관
분대 전투기술		반기 1회	중대장
소대 전투기술		연 1회	대대장

※ 중대 외부평가시 평가관: 소대장 / 부소대장 활용

(2) 평가결과 조치

개인별 측정결과는 측정이 종료되는 즉시 합격 또는 불합격 여부를 결정하며 불합격시에는 이유를 설명한다.

측정결과는 교관의 개인 수첩이나 실습계획표를 활용하여 현장에서 기록 유지한다.

차후 중대장에 의해 실시하는 외부평가 결과와 함께 전산 입력하여 관리 및 유지한다.

측정결과는 개인 및 제대별 훈련수준을 정확히 파악하여 차기 교육시 반영하며, 신상필벌을 통하여 동기를 유발시킨다.

(3) 병 기본훈련 평가

- 병 기준 과목 측정은 절대평가 개념을 적용하여 요망수준에 도달하면 “합격”, 도달하지 못하면 “불합격”으로 평가한다.
- 과목별 합격기준: 70% 이상
  (단, 체력단련은 1개 과제라도 불합격시 불합격처리한다.)
- 종합전투력 측정지침서(병기본)의 요망수준 및 측정기준에 따라 실습계획표에 명시하여 측정한다.

※ 부대에 대한 개인훈련 평가는 개인 합격률을 적용한다.

(4) 전술 훈련 평가

평가는 연 1회 실시하며 그 결과는 우수, 합격, 불합격으로 판정한다.(단, 우수는 대상 부대의 상층 50% 이내로 한다.)

부대별 합격기준: 70% 이상(70% 미만 시는 재평가)

전술훈련 평가지침서의 요망수준 및 측정기준에 따라 실습계획표에 명시하여 측정한다.

나. 사후검토

사후검토란 훈련에 참가한 개인 및 부대가 훈련간 어떠한 행동을 했고, 왜 그러한 행동이 나타났으며, 어떻게 하면 더 잘할 수 있는가를 스스로 발견할 수 있게 해주는 방법을 말한다.

사후검토의 목적은 개개인의 잘못이나 부대의 승패를 판가름하는 것이 아니라 부대원이 직접 토의에 참가함으로써 전장실상을 이해하고, 훈련간 발생한 사실과 그 원인을 정확히 분석하여 향상방법을 도출하고 이를 차기훈련에 반영하기 위한 것이다.

(1) 사후검토 방법

사후검토는 수시 사후검토, 정기 사후검토, 종합 사후검토로 구분하여 실시한다.

구 분	실시방법
수 시 사후검토	• 훈련진행간 각 제대별 관찰 통제관이 지휘관(자) 및 훈련자에게 1:1로 교수 및 지도 위주로 실시한다.
정 기 사후검토	• 작전유형별 훈련종료 후 제대별, 기능별로 일정한 장소에서 해당 관찰통제관 통제하에 사후 검토 장비를 이용하여 훈련현장에 실시한다.
종 합 사후검토	• 훈련종료 후 다음날 훈련통제본부내 고정식 사후 검토장에서 계획 · 준비 · 실시 · 후속조치 단계로 구분하여 진행한다.

다. 성과분석

성과분석은 훈련평가 및 사후검토를 통해 부대별, 대상별, 과목 및 과제별 훈련계획의 적절성여부, 가용자원의 효과적인 사용여부 등을 분석함으로써 차기 훈련소요를 도출 및 반영하기 위하여 실시한다.

(1) 성과분석 시기

- 중대: 일일, 주간, 순환주기(월간) 단위
- 대대: 주간, 순환주기(월간), 주기 단위

(2) 병 훈련 성과분석

- 담당교관은 개인훈련결과를 중대장에게 보고해야 한다.
- 지휘관은 훈련과목별로 소대별, 개인별 합격 · 불합격 등 훈련수준 및 제한사항을 확인하고 훈련과목별 취약분야를 도출한 후 차후훈련을 위한 지침을 하달한다.

(3) 전술훈련 성과분석

중대급에서의 전술훈련 성과분석은 일정한 양식에 의해 서식화 하지 않고 훈련과제별 평가결과 훈련수준, 취약분야, 제한사항 및 보완대책 등을 염두로 판단하여 일일 교육결산이나 주간회의시 토의를 통하여 구체화하고 그 결과를 부대 업무일지에 기록 · 유지한다.

(4) 성과분석 방법

- 훈련 후 성과 확인
- 수준달성여부 확인
- 분석
- 환류

(가) 훈련 후 성과확인

훈련실시 및 평가결과를 기초로 하여 지난주기에 비해 수준향상 정도와 성과를 확인한다.

(나) 수준달성 여부 확인

지난 주기의 훈련수준과 요망수준, 실시결과에 나타난 성과를 비교하여 합격여부를 판단하는 것으로 훈련결과에 대한 철저한 분석과 원인을 규명하여 차기 훈련 소요를 결정하게 된다.

(다) 분석

훈련수준이 미달시 계획, 준비, 실시, 평가의 각 훈련단계에 대한 원인을 철저히 분석하고 잘못된 단계에 대해서도 대책을 수립하여 차기훈련에 반영한다.

(라) 환류

성과분석결과는 반드시 차기훈련에 반영되어야 한다.

즉 훈련단계별로 분석한 취약요인, 대책, 발전방안을 차기훈련에 반영함으로써 훈련수준 유지 및 계획된 훈련 목표를 달성할 수 있다.

2. 훈련평가 실시이유

가. 개인이나 부대의 훈련성과를 촉진한다.

- 부대원들이 이해하지 못한 부분을 발견하여 재교육하거나 기억을 연장하게 하는 등 교육훈련방법을 평가하거나 개선하기 위해 실시한다.

나. 교육훈련에 대한 동기를 유발한다.

- 개인이나 부대의 훈련결과에 대해 자세하게 일려주어야 한다. 이를 통해 스스로 배우겠다는 의욕을 고취시키고 선의의 경쟁을 유도할 수가 있다.

다. 부대 및 개인의 등급을 결정한다.

- 평가결과를 기초로 개인이나 부대능력을 판단할 수가 있어 우열에 대한 등급을 판정할 수 있다.

라. 선택과 지도(指導)의 근거를 마련한다.

- 평가를 통하여 수준을 측정할 수 있으며 훈련측정결과에 따라 개인이나 부대에게 새로운 직책이나 임무를 부여하고 지도할 수 있는 근거로 사용하게 된다.
- 훈련과정의 적절성 여부 파악 및 차기훈련소요를 도출한다.

저자약력

김정기

육군사관학교 졸업

연세대정치학 석사

경남대 정치학박사

현 연성대학교 교수(국방군사학과장)

현 한국군사학회 이사

남기봉

육군사관학교 졸업

경남대 행정대학원 석사

육군 대령 예편

전 연성대학교 교수

신상우

육군3사관학교 졸업

전 육군보병학교 교관

경희대 경영대학원 석사

육군 중령 예편

전 연성대학교 초빙교수